U0554952

《杭州市萧山区第一次全国可移动文物普查成果》丛书编辑委员会

顾　　问：何　波　黄晓燕

主　　任：吴文斌　董荼仙

副 主 任：吕小松　任张标

编　　委：毛晓江　王晓勇　金志鹃　施加农　杨国梅　崔太金

　　　　　张学惠　毛剑勇　陈　伟

总　　编：施加农

《杭州市萧山区第一次全国可移动文物普查成果·综合卷》

主　　编：张学惠　杨国梅

撰文人员：（以姓氏笔画为序）

　　　　　王兴海　方　勇　孔飞燕　任芳琴　吕美巧　孙　璐

　　　　　杨国梅　张学惠　严晓卓　芦芳芳　金志鹏　孟佳恩

　　　　　施加农　贺少俊　崔太金　谢红英　傅辰琪　蔡敏芳

杭州市萧山区第一次全国可移动文物普查成果

综合卷

杭州市萧山区第一次全国可移动文物普查办公室 编

文物出版社

图书在版编目（CIP）数据

杭州市萧山区第一次全国可移动文物普查成果．综合卷 / 杭州市萧山区第一次全国可移动文物普查办公室编．-- 北京 ：文物出版社，2017.6
ISBN 978-7-5010-5107-6

Ⅰ．①杭… Ⅱ．①杭… Ⅲ．①文物－萧山区－图录 Ⅳ．①K872.554.2

中国版本图书馆CIP数据核字（2017）第117077号

杭州市萧山区第一次全国可移动文物普查成果·综合卷

编　　者：杭州市萧山区第一次全国可移动文物普查办公室

责任编辑：王　媛
责任印制：张道奇
责任校对：陈　婧

出版发行：文物出版社
社　　址：北京市东直门内北小街2号楼
邮　　编：100007
网　　址：http://www.wenwu.com
邮　　箱：web@wenwu.com
经　　销：新华书店
制版印刷：北京图文天地制版印刷有限公司
开　　本：889×1194　1/16
印　　张：15.5
版　　次：2017年6月第1版
印　　次：2017年6月第1次印刷
书　　号：ISBN 978-7-5010-5107-6
定　　价：268.00元

总序

人类在上万年的文明进程中，以特有的聪明才智与不断探索的精神改造了世界，创造了辉煌的文明，留下了浩如烟海的文化遗产。这些文化遗产有物质的，也有非物质的。物质的文化遗产也就是人们通常所说的“文物”，有不可移动的，还有可移动的。在“物”的前面加上一个“文”字，表明此“物”是人类文明的产物，以别于自然生成的“物”。

我们的先祖在文明初创时期，将自然生成的树木、玉石、矿藏、泥土等物质进行加工、制作，改变其本有的属性，成为具有文化属性的木器、石器、骨角器等生产工具和生活用具。尤其是在长期使用火的过程中，发现松软的泥土经烈火的洗礼会变得非常坚硬，于是利用这种特性发明了陶器。陶器的制作不同于其他质地物品的加工，它是泥土在产生了质变后最终形成的一种器皿，是人类文明初期认识世界、改造世界的伟大创造。陶器的出现，为人们储存粮食作物提供了容器，为炊煮熟食带来了便利，在人类文明史上具有划时代的意义。

当下的我们无法想象，史前时期的人们是如何与自然抗争、与灾难抗争的，为了求得生存、获得食物又是如何与野兽搏斗的。在生产力极其原始的境况下，人类却还能不断发展，不仅创造了极为丰富的物质文化，还创造了繁花似锦的精神文化。人口的繁衍，物产的积累，文化的创造，为人类社会进入崭新的历史时期奠定了不可或缺的基础。试想，没有史前先民们在艰难环境下的生息繁衍和了不起的创造，何来后世伟大的中华文明？何来现在的强大国家？这一切的一切，哪一点不值得我们颂扬，哪一点不值得我们珍惜，哪一点不值得我们呵护？

地处中国东南一隅的萧山位于浙江东北部，北滨钱塘江与杭州市隔江相望，南接历史文化名城绍兴。萧山隶属杭州市，这个区县级城市却有着8000年的文明史。跨湖桥文化遗址的发现与发掘，展现出萧山远古时期的辉煌。萧山是中国瓷器的源头之一，从浦阳江流域的进化到永兴河流域的戴村，自春秋至南朝，上千年窑火绵绵不断，焙烧出古朴青翠的陶瓷器。句践、西施、范蠡等在这片土地上留下了不朽的印迹。固陵城、航坞山、商周聚落遗址、土墩墓如满天星辰，浓郁的越文化洒遍萧然大地，谱写出庄严的越地圣歌。萧山自古还是南北通衢的繁华之地，世界遗产大运河横贯东西，漕运、商贸，百舸争流。建县 2000 多年来，萧山孕育出无数志士仁人，唐代诗人贺知章的《回乡偶书》咏遍华夏大地；杨时围湘湖，张夏筑海塘，造福后世，千秋传颂；民族英雄葛云飞奋力抗击英国侵略军，为国捐躯；“萧山相国”朱凤标力主抗击英法联军，为清廷少有之主战派，铁骨铮铮，映照世人；“海上四任”开创了近现代崭新的画风，影响深远。

文物是文化的载体，是历史信息的再现。当数千年前的遗物穿越时空展现在我们眼前时，或感慨，或震撼。通过文物与古人隔空对话，爱乡、爱国之情油然而生。这就是文物的魅力，这就是文化的力量。

文物是不可再生的，在天灾人祸不断侵害下，先人千万年来遗留的印迹正在飞速消失，保护好我们珍贵的文化遗产已是刻不容缓。2013 年，第一次全国可移动文物普查在萧山同步展开。虽无浩大的声势，但我们的普查队员们却有着保护文物的坚定信念和脚踏实地的作风，克服了人员少，被普查方不理解、不配合，系统外收藏单位无专业力量等重重困难，实现了普查范围 100％的目标。以萧山博物馆为骨干，区文广新局文物科抽调力量所组成的普查队，在保质按时完成萧山博物馆文物藏品普查任务的前提下，深入每个系统外收藏单位，直接进行藏品的认定、图片拍摄、信息采集、文字登录等工作，从而保质保量，圆满完成了普查的各项任务。普查实现了摸清家底，掌握萧山各国有单位文物收藏情况的目的。有利于准确掌握和科学评价萧山文物资源情况和价值，建立文物登录备案机制，健全文物保护体系，加大保护力度，扩大保护范围，保障文物安全。有利于进一步保障文物资源整合利用，丰富公共文化服务内容，有效发挥文物在国民经济和社会发展总体布局中的积极作用，为促进文化强区建设奠定良好的基础。

普查共登录文物藏品 4282 件（套），其中一级文物 25 件（套）、二级文物 131 件（套）、三级文物 1390 件（套），约占总数的 40％。在这些文物中，又以陶瓷器和书画数量最多。

陶瓷器共 1503 件（套），涵盖远古时期的跨湖桥文化各类陶器，商周时期的印纹硬陶与原始青瓷，两汉时期的印纹硬陶与早期青瓷，三国两晋南朝越窑、瓯窑、德清窑、湘阴窑青瓷器，隋唐宋元越窑与龙泉窑青瓷器、景德镇窑青白瓷，明清景德镇窑青花、粉彩等瓷器，时代连贯，窑口众多，品种丰富，仿佛是一部简编的中国古陶瓷发展史。尤其突出的是商周至六朝时期的陶瓷器，种类繁多，精品迭出，反映了萧山厚重的早期陶瓷文化，是萧山作为中国瓷器发源地之一的重要物证。精美的印纹硬陶与早期青瓷器是萧山博物馆的特色藏品，绝无仅有的西晋越窑青瓷人物俑是萧山博物馆的镇馆之宝。

萧山曾有“丹青之乡”之称。跨湖桥遗址的彩陶器翻开了萧山美术史的灿烂篇章。南宋大书法家张即之名震海内外，为始建于南朝的古刹觉苑寺书写“江寺”二字，匾于山门。元代书画大家赵孟頫亲笔为萧山县学重建大成殿碑记挥毫，鲜于枢的小楷书于碑阴，二大家合书一碑，可谓珠联璧合，以至于该碑被奉为“江南第一碑”。近代史上的“海上画派”更是开启了中国绘画史崭新的风气，萧山任伯年是“海派画坛”中的巨擘，更是一代画家中的领军者。在普查登录的 1485 件书画文物中，有 900 多件属于国家三级以上珍贵文物。其中不乏文徵明、章声、王树穀、俞龄、诸昇等明至清初书画名家的作品，更多的是汤金钊、葛云飞、朱凤标等萧山历史名人的佳作遗墨，以及任熊、任薰、任预、丁文蔚、胡术、朱文钧、朱家济等萧山本土书画名家和虚谷、蒲华、赵之谦、吴昌硕等“海派”书画家的作品，还有“南社”社员诸多墨宝和“西泠八家”的力作。可谓名家云集，精彩纷呈。

在为数不多的金属类器皿中，出土于湘湖压湖山的五方新莽时期“大泉五十”叠铸铜母范，是新莽时期货币制度的重要物证，十分珍贵；东汉吴越人物纹铜镜刻划了吴王夫差、越王句践、范蠡、伍子胥、越女等几组人物，生动再现了人物的性格特征；出土于河庄蜀山的良渚文化玉璧是当时良渚文化跨过钱塘江的重要线索，给考古学家提供了新的启示。

让普查队员感到欣慰的是，除萧山博物馆以外，区内另有 8 家国有单位收藏有可移动文物，藏品共 482 件，数量虽不算多，但具有一定的时代特征和地方特色，尤其是民国以来的家具、书籍和生活用品等较为重要。这些系统外国有单位的收藏品，不仅填补了国有博物馆的一些空白，更反映了系统外国有单位对文物和文化遗产保护利用的重视。

把普查的成果及时回报给社会是我们普查者的心愿，因此在普查各项任务完成后即将普查成果汇编成书公开出版，以飨读者。

是为序。

施加农

前言

第一次全国可移动文物普查从2012年10月开始，至2016年12月结束，历时四年。萧山区第一次全国可移动文物普查办公室的所有普查人员脚踏实地，认真敬业，克服种种困难，顺利完成了这次普查工作。文物普查是科学保护和合理利用文化遗产的基础性工作，为了让普查成果得到更充分的利用，让更多的人分享这次普查的硕果，区普查办投入资金人力将普查成果集结成册，公开出版。

此次普查共计登录文物4282件（套），其中书画1485件（套）、陶瓷1503件（套），其余近三分之一为金属类、玉石类、民俗类等文物，这些文物不像书画、陶瓷那样已经构成了较为完整的系列从而可以单独成册，但它们同样是灿若繁星的文化遗产中不可忽视的宝贵财富，其中也不乏具有重要价值的文物精品，所以此册图录门类较多，一共分为史前遗萃、金属器皿、铜相照子、铜塔造像、玉石精华、兵戎农桑、文房用品、历朝货币、碑拓文书、民俗流风、革命志遗，共计11个门类。

萧山的历史，据考古证实可以追溯到8000年前的跨湖桥文化时期，在跨湖桥遗址出土了大量的石器、木器、骨角器、陶器。但此次列入我们普查的跨湖桥文化时期的文物均为20世纪七八十年代湘湖一带烧砖取泥时市民上交的采集品，90年代后经正式考古发掘出土的器物均由浙江省文物考古研究所普查登录，所以未收录到此图录中。尽管如此，还是有不少文物值得一提，其中一件骨哨，一面开有两孔，这在音乐史上具有重要的研究价值；还有一些骨器和木器上刻有醒目的符号，有专家曾经研究此类符号很可能与文字或计数有关。跨湖桥遗址出土的器物，无论是石器、骨器还是木器，均制作打磨精良，充分展现了古人的智慧和灵巧。萧山境内除跨湖桥遗址外，迄今为止已发现史前遗址及遗物采集点30余处，大多为新石器时代中晚期，集中分布在钱塘江及支流浦阳江流域。这些遗存中出土了大量器物，以陶器和石器为多，书中收录有钺、斧、锛、凿、犁、刀等多种石制工具。同时还有少量的玉器出土，量少但质精，其中一件1976年出土于浦南田头庄新石器时代晚期遗址的有孔玉斧，牙白色玉质，打磨光滑，无使用痕迹，应作为礼器使用，是同类玉斧中的精品。1989 年在河庄蜀山的良渚文化（约公元前 3300 ~ 前 2200 年）墓葬中出土了两件玉璧、两件石钺、一件锥形玉饰和一件玉琮，这是钱塘江南岸首次发现的良渚文化贵族墓，两件玉璧虽素面无纹，但品相精美，不失为上品。

金属器，特别是青铜制品，从商周以来的“国之重器”，到汉代回归到日常生活用具，到宋代的复古仿制礼器，再到明代的铜宣德炉、清代的各种铜制工艺制品。青铜的冶炼和青铜制品的生产可以说一直是古代的一项高科技产业。在漫长的历史过程中，因为地质环境等各种原因，金属器在南方保存下来的数量远远不如西部和北方。经普查，萧山区的金属器中也主要以青铜器皿为主，有出土的汉代青铜釜、甑、洗、鉴、耳杯、鐎斗，有传世的造型各异的明清仿制的宣德炉。其中最值得关注的是 1972 年在萧山衙前镇东北隅的洛思山上出土的兽面纹青铜簋、兽面纹四足青铜簋、青铜提梁盉、青铜方壶、青铜鼎等 10 件青铜器。这批器物造型多样，风格复杂，年代不一，其中簋、盉、壶、鼎的器形、风格与出土的宋代同类器物或当时的文献记载大体相近，应该是宋代以来提倡恢复三代古礼、制作祭器之风盛行的产物。这批器物的出现印证了衙前的悠久历史，同时也可局部反映出青铜器在这一时期的制造工艺和使用情况 。

铜镜是金属器文物中一个非常重要的门类，所以单独为一个系列。绍兴越地和湖州都是历史上出产铜镜的地方，先后成为制镜中心。铜镜的生产在汉唐时期达到了高峰，其铸造之精美，纹饰之丰富，令人叹为观止。本书收录的东汉龙虎纹镜，保存完好，高浮雕感的龙虎造型生动，是当时一种非常流行的铜镜纹饰；东汉吴越人物故事镜更是将流传的人物故事搬到了铜镜上，其中的吴王夫差、越王句践、范蠡、伍子胥、两名越女被乳丁分割为四组图像，人物衣冠纹饰线条清晰，形象生动鲜明，各有特色，可见其制作之精美，此镜虽有破损，但仍不失为铜镜中的精品，且包含了极为丰富的历史资料。

到了唐代，铜镜开始以花鸟纹为流行纹饰，同时还出现了瑞兽葡萄纹铜镜，这一题材取自当时的西域物产，反映出了这一时期开放融合的文化特色。海兽葡萄纹铜镜的制作难度非常大，其密集的纹饰要一丝不苟，分布有序，同时还要有很强的浮雕感。至宋代，铜镜的制造开始衰落，遗存的多为湖州镜，一般素地无纹，镜背多留有类似“湖州真石家念二叔照子”格式的铭文印记。镜面除圆形外，出现了桃形、方形、带柄等形式。至清代，铜镜开始逐步被外来的玻璃镜取代。

佛教创始于印度，一般认为在东汉明帝时经由中亚传入中国，但南方佛教很可能经由海上丝绸之路传入，萧山区域内从汉至六朝的墓葬中出土有褐釉五管瓶、越窑青瓷堆塑罐、越窑青瓷胡人俑等，都是与佛教相关的遗物。东晋南朝时期南方佛教开始兴盛，区内的祇园寺、江寺均始建于此时。上文提到过的衙前窖藏中还出土了一件南北朝时期的铜观音菩萨立像。菩萨脸部狭长，面带微笑，左手施与愿印，右手施无畏印，跣足，立于覆莲座上，莲瓣形通身大背光，外缘饰火焰纹，背面浅浮雕释迦、多宝并坐塔内说法华经图。此类具有北朝风格的铜佛像在南方存世极少，对这一时期佛教在南方的流传发展有重要的研究价值。佛教到了隋唐时期发展到了高峰，创宗立说，名僧辈出，对后世中国传统文化产生了深远的影响。五代吴越国钱氏诸王笃信三宝，许多佛塔地宫里出土众多吴越国制作的金铜造像、阿育王塔。本书收录的两件五代显德五年（958 年）的舍利铜塔，于 1966 年分别出土于祇园寺东西两座石塔内。除塔刹外，两塔的尺寸、造型、纹饰完全一致，属一范所铸。塔座的面上均刻有同样的铭文 59 字：“弟子夏承厚并妻林一娘，阖家眷属，舍净财铸真身舍利塔两所，恐有多生罪障业障并愿消除，承兹灵善，愿往西方净土。戊午显德五年十一月三日记。”西石塔出土之塔刹尺寸高大，在形制上也与东石塔出土之塔刹有区别，此塔刹系道光年间修石塔时重置。刹身用铅锡打制而成，外刷仿铜色漆。从这两件舍利塔可见，在“乙卯岁”（955 年）吴越国王钱弘俶造八万四千铜阿育王塔的同时，民间也开始仿造阿育王塔供奉，并多有纪年铭刻，佛教的兴盛流行可见一斑。

货币是文物中一个重要的门类，从春秋战国时期各国铸造的不同钱币，到秦始皇一统天下统一铸造半两圆形方孔钱，至此钱币的形制一直沿用至清末出现机制币为止，同时还影响了临近的日本、朝鲜、越南的钱币样式。1994 年 4 月曾在闻堰定山村出土了五方新莽大泉五十叠铸铜母范，分两式，数量分别为三方和两方。前者字体笔画略显粗壮，“泉”字直竖中断，背面印刻“吉”字。后者笔画略显纤细，尺寸略小于前者。据考证，此地曾有铸钱作坊，与《汉书・王莽》载王莽“又遣谏大夫五十人分铸钱于郡国”相印证。这是当时铸造钱币的重要物证，也是研究当时经济财政政策的重要资料。本书收录的宋代金铤、清代银锭等也具有重要的研究价值。

玉石器中，东汉的玛瑙耳塞、鼻塞，是当时葬俗中的典型器物，反映了当时人们认为死后灵魂不灭的观念。清代的三羊开泰翡翠摆件，利用翡翠不同的色质，巧妙地镌刻出了 3 只不同姿态的羊和一轮冉冉升起的太阳。清翡翠双鱼挂件，用暗红色的翡料琢成，双鱼首尾相交，双鱼为鲇鱼，寓意“年年有余”。

这次普查中登录了数量较多的民俗类藏品，特别是系统外 8 家单位的藏品有很大一部分属于此类。随着社会的迅猛发展，越来越多我们身边曾经熟悉的物品和纸质类文书资料在快速消失。这一件件民俗文物、文书档案，包括革命文物都深深地烙印着时代的印记，对它们的收藏保护已是刻不容缓，这也是普查的重要意义所在。通过这次普查，更是催醒了一种新的收藏意识，特别是国有收藏单位，要有意识地收藏此类目前看来文物价值并不算高，但具有丰富的时代内涵和重要的历史研究价值的文物，为明天而收藏今天。

目录

史前遗萃

金属器Ⅲ

铜相照子

佛塔造像

玉石精华

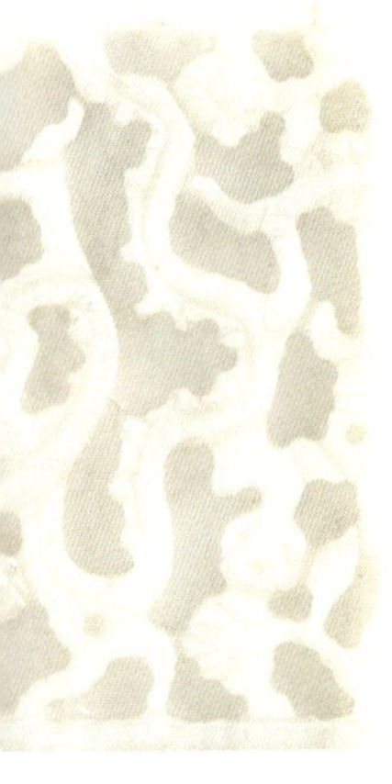

兵戎农桑

文房用品

碑拓文书

民俗流风

革命志遗

史前遗萃

1. 新石器时代石钺

长 10.2、宽 8.1、厚 1.1 厘米

2. 新石器时代石钺

长 14、宽 12.3、厚 1.24 厘米

3. 新石器时代石钺

长 12.5、宽 9.4、厚 1 厘米

4. 新石器时代石钺

长 10.7、宽 12、厚 1.5 厘米

5. 新石器时代石钺

长 14.2、宽 15.3、厚 1 厘米

6. 新石器时代石钺

长 15.6、宽 12、厚 1.3 厘米

7. 新石器时代石钺

长 15.2、宽 11.7、厚 0.9 厘米

8. 新石器时代晚期有孔石斧

长 11.1、宽 8.2、厚 1.8 厘米

9. 新石器时代有孔石斧

长 9、宽 6.2、厚 1.5 厘米

10. 新石器时代石斧

长 13.1、宽 7.3、厚 3.4 厘米

11. 新石器时代石斧

长 9.6、宽 4.4、厚 3.5 厘米

12. 新石器时代石斧残件

长 10.5、宽 7.2、厚 5 厘米

萧山区湘湖初级中学藏

13. 新石器时代石锛

长 10.3、宽 5.7、厚 2.5 厘米

14. 新石器时代石锛

长 21.7、宽 5.5、厚 2.7 厘米

15. 新石器时代晚期石锛

长 14.2、宽 6.8、厚 1.7 厘米

16. 新石器时代石锛

长 4.9、宽 3.1、厚 0.8 厘米

17. 新石器时代跨湖桥文化石锛

长 11.1、宽 4.2、厚 2.8 厘米

18. 新石器时代跨湖桥文化石锛

长 11.5、宽 5.1、厚 3.4 厘米

19. 新石器时代石锛

长 12.7、宽 5、厚 1.8 厘米

20. 新石器时代石锛

长 8.3、宽 3.9、厚 1.9 厘米

21. 新石器时代石锛

长 16.3、宽 9.4、厚 1.4 厘米

22. 新石器时代石锛

长 15、宽 5.8、厚 4.4 厘米
萧山区湘湖初级中学藏

23. 新石器时代跨湖桥文化石锛

长 9.7、宽 4.3、厚 3 厘米
萧山区湘湖初级中学藏

24. 新石器时代石锛

长 10.2、宽 2.3、厚 2.7 厘米
浙江湘湖旅游度假区经营管理有限公司藏

25. 新石器时代石锛

长 11、宽 4.2、厚 3.5 厘米
浙江湘湖旅游度假区经营管理有限公司藏

26. 新石器时代跨湖桥文化石凿

长 11.5、宽 3.4、厚 3.8 厘米

27. 新石器时代石凿

长 18.8、宽 4.1、厚 4.2 厘米

28. 新石器时代石凿

长 22.5、宽 2.9、厚 3.5 厘米

29. 新石器时代良渚文化石耘田器

长 15.2、宽 7、厚 0.5 厘米

30. 新石器时代晚期三孔石犁

长 25、宽 22、厚 1.3 厘米

31. 新石器时代晚期有孔石犁

残长 34.5、宽 19.5、厚 2.4 厘米

32. 新石器时代三孔石犁

残长 37.6、宽 22、厚 1.3 厘米

33. 新石器时代晚期双孔石刀

长 21、宽 8.2、厚 1.3 厘米

34. 新石器时代有柄石刀

长 14.1、宽 17.8、厚 1.9 厘米

35. 新石器时代石研磨器

直径 8.4、厚 4.8 厘米

36. 新石器时代石镞

残长 7.1、宽 1.8、厚 0.5 厘米

37. 新石器时代跨湖桥文化骨耜

残长 30.1、宽 9.17 厘米

38. 新石器时代跨湖桥文化锯齿形骨器

残长 9.38、宽 2.25、厚 0.45 厘米

39. 新石器时代跨湖桥文化骨锥

长 11.14、宽 3.45 厘米

40. 新石器时代跨湖桥文化骨匕

残长 10、宽 3.78 厘米

41. 新石器时代跨湖桥文化骨匕

残长 15.5 厘米

42. 新石器时代跨湖桥文化骨哨

长 1.15、直径 0.94 厘米

43. 新石器时代跨湖桥文化骨镖

长 11.63、宽 1.79 厘米

44. 新石器时代跨湖桥文化骨镖

长 11.73、宽 2.05 厘米

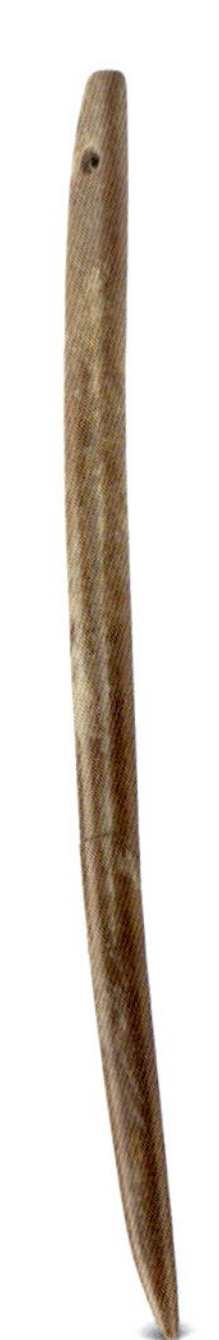

45. 新石器时代跨湖桥文化骨针

长 10.62、宽 0.58 厘米

46. 新石器时代跨湖桥文化骨针

长 17.58、宽 0.97 厘米

47. 新石器时代跨湖桥文化骨钉

残长 7.7、宽 0.94 厘米

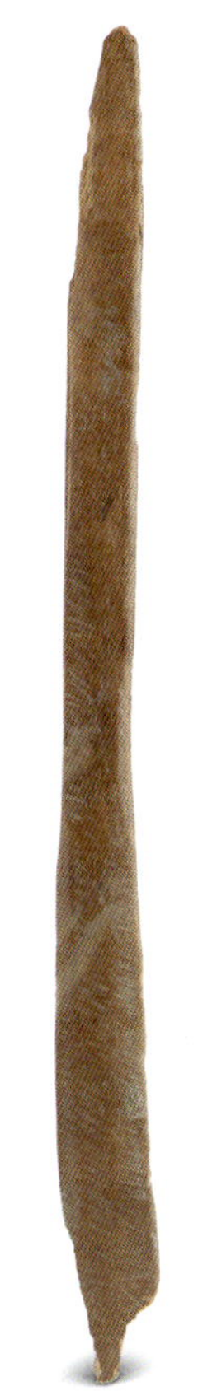

48. 新石器时代跨湖桥文化骨簪

残长 19、宽 1.36、厚 0.34 厘米

49. 新石器时代跨湖桥文化骨镞

残长 4.8、宽 0.86 厘米

50. 新石器时代跨湖桥文化木勺

左：残长 14.6、宽 6.5 厘米

右：残长 12.1、宽 7.38 厘米

51. 新石器时代跨湖桥文化木簪

长 18.3 厘米

52. 新石器时代跨湖桥文化木簪

残长 16.3 厘米

53. 新石器时代跨湖桥文化木簪

长 12.5 厘米

54. 新石器时代跨湖桥文化木镞

残长 13.9、宽 1.03 厘米

55. 新石器时代良渚文化玉璧

直径 19.6、厚 1.1 厘米

56. 新石器时代良渚文化玉璧

直径 17.9、厚 1.2 厘米

57. 新石器时代有孔玉斧

长 17.5、宽 9.1、厚 1.5 厘米

58. 新石器时代良渚文化玉琮式管

长 2、宽 2、高 5.5 厘米

59. 新石器时代玉玦

外径 4.2、内径 1.3、厚 0.9 厘米

60. 新石器时代玉玦

外径 5.1、内径 2.4、厚 0.8 厘米

61. 新石器时代玉玦

外径 3.8、内径 1.5、厚 0.5 厘米

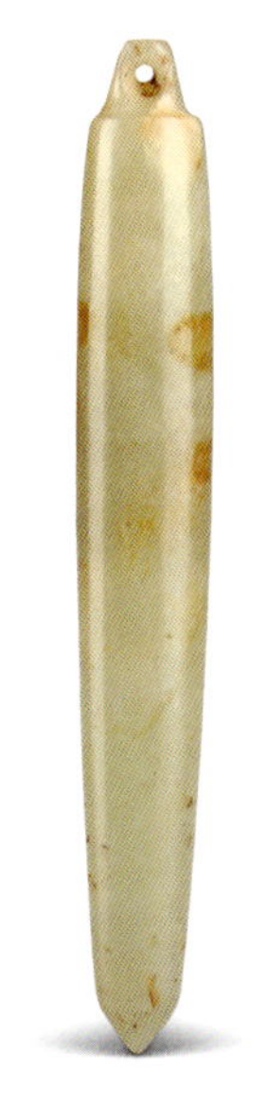

62. 新石器时代良渚文化玉锥形饰

长 5.4 厘米

大明宣德年製

金属器皿

1. 汉青铜釜、甑

釜：高 13.5、口径 12.1、底径 9.3 厘米
甑：高 10.7、口径 20.3、底径 10.6 厘米

2. 汉青铜双耳釜

高 10.7、口径 17、底径 5.6 厘米

3. 汉青铜洗

高 11.6、口径 27.5、底径 10 厘米

4. 汉铺首衔环青铜洗

高 11.3、口径 27.6、底径 12.9 厘米

5. 汉铺首双系青铜洗

高 12.7、口径 25.9、底径 10.1 厘米

6. 汉铺首衔环青铜洗

高 12.5、口径 25.5、底径 17.5 厘米

7. 汉青铜耳杯

左：高 4.1、口径 15.3、底径 9.5 厘米
右：高 4、口径 15.3、底径 9.4 厘米

9. 汉青铜鐎斗

高 12.8、口径 16.3、柄长 11.1 厘米

10. 汉龙柄青铜鐎斗

高 17.4、口径 16 厘米

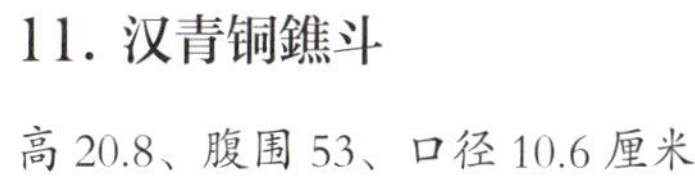

11. 汉青铜鐎斗

高 20.8、腹围 53、口径 10.6 厘米

12. 汉龙虎纹金牌饰

长 11、宽 6.9、厚 0.2 厘米

13. 宋四兽足兽面纹青铜簋

通高 17.2、口 9.1×8.2、底 9.5×8.4 厘米

14. 宋兽面纹青铜簋

高 9.8、口径 11.3、底径 9.9 厘米

15. 宋三柱足青铜鼎

高 14.2、口径 10.1 厘米

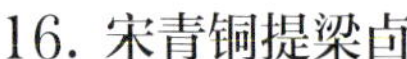

16. 宋青铜提梁卣

通高 21.5、宽 15.4 厘米

17. 宋双鸟团纹花口银盒

高 3.8、直径 18.1 厘米

18. 宋铺首衔环青铜钫

高 22.2、口 6×6、底 6.7×6.7 厘米

19. 明龙头蟠螭纹鎏金铜带钩

长 7.6、宽 1.8 厘米

20. 明象耳棱口长颈铜瓶

口 4.6×3.9、底 4.8×3.6、高 10 厘米

21. 清大明宣德年制款兽耳铜香炉

高 7.1、口径 10.5 厘米

22. 清大明宣德年制款铜香炉

高 9.1、口径 11.9 厘米

23. 清大明宣德年制款铜香炉

高 9.5、口径 14.6 厘米

24. 清大明宣德年制款洒金鼓式铜香炉

高 5.7、口径 10.1 厘米

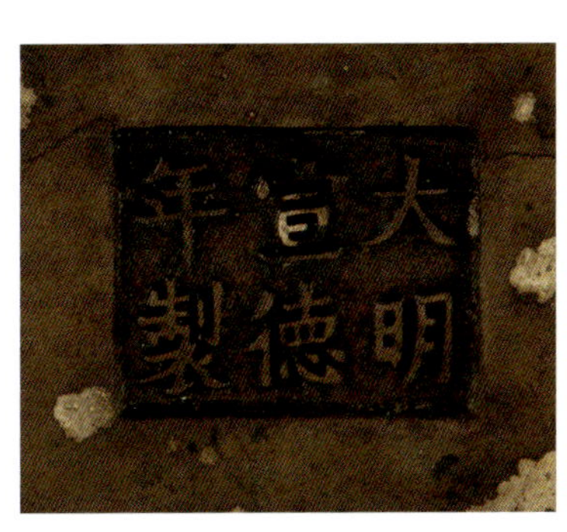

25. 清大明宣德年制款铜香炉

高 6.2、口径 9.8 厘米

26. 清大明宣德年制款铜香炉

高 5.9、口径 8.8 厘米

27. 清四兽足方形铜鼎（附玉纽木盖）

通高 22.2、长 17.6、宽 12.6 厘米

28. 清仿商兽面纹青铜爵

高 18.8、长 16.5、宽 7.5 厘米

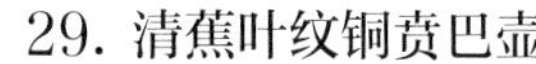

29. 清蕉叶纹铜赍巴壶

高 16.7、口径 1.3、底径 3.7 厘米

30. 清兽耳衔环铜壶

高 32.8、口径 9.2、底径 11.5 厘米

31. 清铜丝篮

高 15.8、长 26.5、宽 18.8 厘米

32. 清铜蟹

长 13.9、宽 8、厚 2.5 厘米

33. 清乾隆十六年朱文故镇巡检司印铜印

高 10.2、长 6.3、宽 6.3 厘米

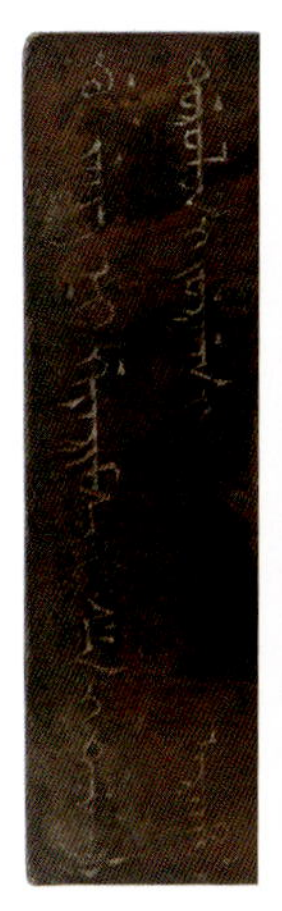

铜相照子

1. 西汉清白铭连弧纹铜镜

直径 14.5、厚 0.7 厘米

2. 西汉长宜子孙铭连弧纹铜镜

直径 16.8、厚 0.5 厘米

3. 西汉乐未央四乳花瓣草叶纹铜镜

直径 15.7、厚 0.4 厘米

4. 西汉四乳四螭纹铜镜

直径 9.4、厚 0.3 厘米

5. 汉四乳四神纹铜镜

直径 14.6、厚 0.78 厘米

6. 汉五乳鸟兽纹铜镜

直径 14、厚 0.4 厘米

7. 汉八乳禽鸟规矩纹铜镜

直径 13、厚 0.47 厘米

8. 汉蟠螭纹铜镜

直径 10.2、厚 0.8 厘米

9. 汉神人神兽纹铜镜

直径 10.1、厚 0.9 厘米

10. 汉铭文重列式神人神兽纹铜镜

直径 12.3、厚 0.3 厘米

11. 东汉龙虎纹铜镜

直径 9.4、厚 0.78 厘米

12. 东汉铭文半圆方枚神人神兽纹铜镜

直径 11.5、厚 0.4 厘米

13. 东汉人物画像纹铜镜

直径 21.9、厚 0.97 厘米

14. 东汉吴越春秋人物故事纹铜镜

直径 19.6、厚 0.95 厘米

15. 唐海兽葡萄纹铜镜

直径 17.3、厚 1.1 厘米

16. 唐海兽葡萄纹铜镜

直径 12、厚 1.1 厘米

17. 唐神兽凤鸟纹葵形铜镜

直径 17、厚 0.48 厘米

18. 唐花鸟纹铜镜

直径 21.6、厚 0.39 厘米

19. 唐花鸟纹菱形铜镜

直径 11.5、厚 0.93 厘米

20. 唐花鸟纹菱形铜镜

直径 13.8、厚 1 厘米

21. 唐花卉纹葵形铜镜

直径 18.2、厚 0.46 厘米

22. 唐万岁千秋铭竹林弹琴纹葵形铜镜

直径 21.3、厚 0.7 厘米

23. 宋匪鉴斯铭钟形铜镜

长 19.7、宽 14.5、厚 0.87 厘米

24. 宋湖州真石家念二叔照子铭葵形铜镜

直径 12.5、厚 0.4 厘米

25. 宋素地铭文桃形铜镜

长 11.2、宽 9.6、厚 0.35 厘米

26. 宋八卦纹湖州真石铭葵形铜镜

直径 12.2、厚 0.2 厘米

27. 宋双鱼纹铜镜

直径 14、厚 0.4 厘米

28. 宋有柄葵形铜镜

通长 20.1、直径 11、厚 0.4 厘米

29. 宋双凤纹有柄铜镜

通长 22.4、直径 12.1、厚 0.4 厘米

30. 南宋有柄素面葵形铜镜

通长 22.3、直径 9.7、厚 0.5 厘米

31．元薛晋侯造铭方形铜镜

长 8、宽 8.1、厚 0.2 厘米

32．元双面八思巴文铜镜

直径 9.4、厚 0.6 厘米

33. 明瑞兽纹铜镜

直径 9.8、厚 11.12 厘米

34. 明海兽葡萄纹铜镜

直径 9.4、厚 0.98 厘米

35. 明洪武二十二年云龙纹铜镜

直径 10.5、厚 0.7 厘米

36. 明凸弦纹铜镜

直径 7.8、厚 0.95 厘米

37. 明浙绍公顺铭有柄铜镜

通长 26.8、直径 15.8、厚 0.3 厘米

38. 明福禄寿喜铭铜镜

直径 27.7、厚 0.3 厘米

佛塔造像

1. 南北朝铜观音菩萨立像

高 27、底 6.9×6.7 厘米

2. 五代显德五年舍利铜塔

高 43.5、底 15.5×15.5 厘米

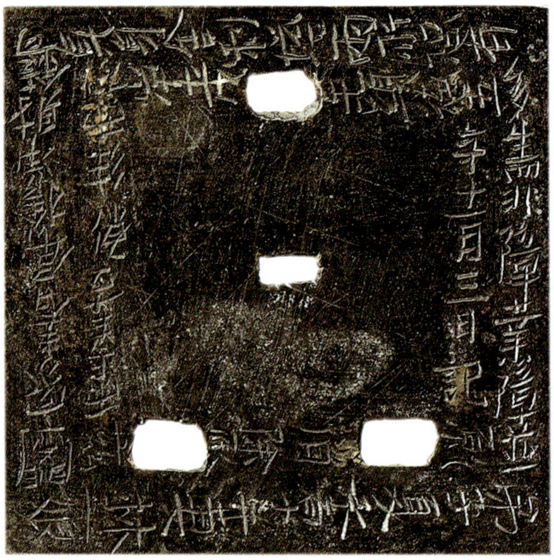

3. 五代显德五年舍利铜塔

高 33.5、底 15.8×15.8 厘米

4. 明普贤骑象铜像

高 9.7、长 9.4、宽 5 厘米

5. 明木雕钟馗

高 16.4、宽 11.9、底 7×11 厘米

6. 清菩萨铜像

高 14.5、底 8.8×6.5 厘米

7. 清韦陀铜像

高 8.6、底 4×2 厘米

8. 清药王铜座像

高 11、底 8.1×4.3 厘米

9. 清朱金漆人物铜座像

通高 14.7 厘米

铜像：高 12.7、长 4.6、宽 7 厘米

木座椅：高 12、底 8.1×7.7 厘米

10. 清曹国舅铜立像

高 13.3、底 6.7×4.1 厘米

玉石精华

1. 春秋越王铭文云纹石矛

残长 5.9、宽 3.2、厚 1.4 厘米

2. 东汉玛瑙鼻塞（一对）

高 2.3、直径 1.4 厘米

3. 东汉玛瑙耳珰（一对）

左：高 3、上直径 0.8、下直径 1 厘米

右：高 2.8、上直径 0.7、下直径 1 厘米

4. 东汉勾连云纹青玉璏

高 1.2、长 9.3、宽 2.6 厘米

5. 宋蟠螭纹钟形玉摆件

高 5.9、宽 3.75、厚 2.1 厘米

6. 元龙头蟠螭纹玉带钩

长 10.6、宽 4.2 厘米

7. 元谷纹青玉剑璏

高 1.3、长 4.5、宽 2.1 厘米

8. 元镂空双凤花卉青白玉佩饰

长 8.9、宽 4.5、厚 1.7 厘米

9. 明龙头蟠螭纹白玉带钩

高 2.2、长 8.7、宽 2.2 厘米

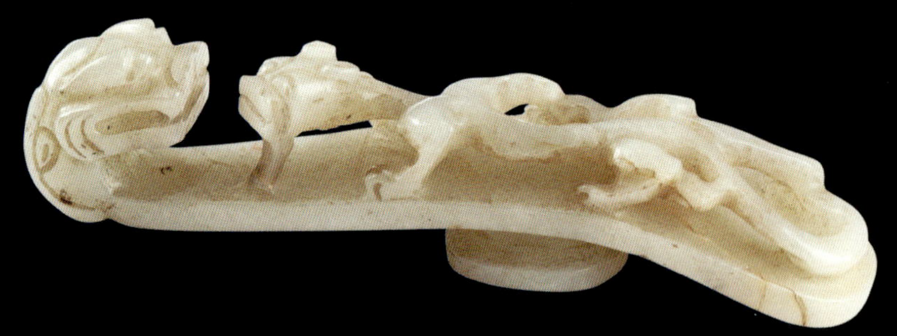

10. 明龙头蟠螭纹白玉带钩

高 2.5、长 10.5、宽 2 厘米

11. 明龙头蟠螭纹白玉带钩

高 2.7、长 9.4、宽 2.3 厘米

12. 明龙头蟠螭纹白玉带钩

高 2.6、长 11.1、宽 2.1 厘米

13. 明龙头蟠螭纹白玉带钩

高 2、长 10.1、宽 2.3 厘米

14. 明龙头蟠螭纹白玉带钩

高 2.4、长 9.2、宽 2.5 厘米

15. 明龙头双鱼纹白玉带钩

高 2、长 8.3、宽 1.5 厘米

16. 明龙头白玉带钩

高 2.1、长 7.7、宽 1.4 厘米

17. 明龙头白玉带钩

高 1.9、长 8.7、宽 1.8 厘米

18. 明龙头白玉带钩

高 1.7、长 8.5、宽 1.6 厘米

19. 明龙头白玉带钩

高 2.4、长 11.8、宽 1.9 厘米

20. 明龙头白玉带钩

高 2.4、长 11.1、宽 1.7 厘米

21. 明龙头碧玉带钩

高 1.8、长 7.9、宽 1.4 厘米

22. 明龙头青白玉带钩

高 1.6、长 8.2、宽 1.1 厘米

23. 明龙头青白玉带钩

高 2.3、长 8.5、宽 1.5 厘米

24. 明马头白玉带钩

高 2、长 10、宽 1.8 厘米

25. 明龙头蟠螭纹白玉带扣

通长 6.9、宽 3.4 厘米

26. 明勾连云纹玉剑璏

高 1、长 7.9、宽 1.6 厘米

27. 明蟠螭纹白玉璧

外径 5.1、内径 1.4、厚 1.4 厘米

28. 明蟠螭纹白玉璧

外径 5.1、内径 0.9、厚 1.1 厘米

29. 明龙形玉佩

长 8.2、宽 5.1、厚 0.6 厘米

30. 明龙纹白玉牌

长 7.4、宽 6、厚 0.7 厘米

31. 明白玉花片

直径 6.4、厚 0.7 厘米

32. 明双龙戏珠白玉镯

外径 7.5、内径 5.8 厘米

33. 明末清初双龙戏珠白玉镯

外径 6.9 ~ 8.1、内径 5.3 ~ 6.3 厘米

34. 明藕节白玉镯

外径 7.6、内径 5.8 厘米

35. 明藕节白玉镯

外径 7.3、内径 6.9 厘米

36. 明三羊开泰翡翠摆件

高 4.1、宽 6.9、厚 2.1 厘米

37. 明双耳玉杯

高 5、宽 14.2、口径 8、圈足径 4.1 厘米

38. 明蟠螭纹玉镜

直径 18、厚 1.5、纽高 3.2 厘米

39. 清龙头蟠螭纹白玉带钩

高 2.1、长 10.3、宽 1.9 厘米

40. 清龙头青玉带钩

高 2.2、长 9.9、宽 1.9 厘米

41. 清玛瑙带钩

高 1.7、长 6.7、宽 4.4 厘米

42. 清双龙戏珠白玉镯

外径 6.9 ~ 7.6、内径 5.5 ~ 6.3 厘米

43. 清双龙戏珠白玉镯

外径 6.3 ~ 7.5、内径 4.8 ~ 5.4 厘米

44. 清双龙戏珠白玉镯

外径 7.5、内径 5.7 厘米

45. 清白玉镯

外径 7.3~8.3、内径 5.4~6.4 厘米

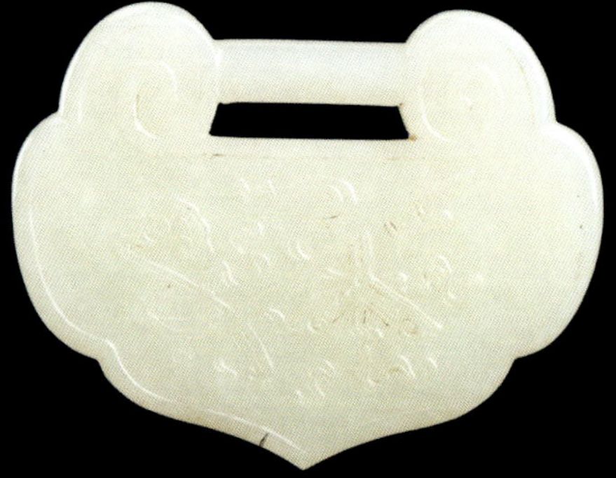

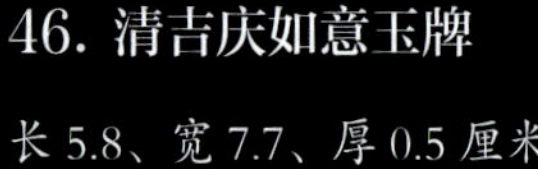

46. 清吉庆如意玉牌

长 5.8、宽 7.7、厚 0.5 厘米

47. 清乾隆双寿铭双龙戏珠纹白玉佩饰

长 5.8、宽 5.4、厚 0.9 厘米

48. 清童子灵芝白玉挂件

高 6、宽 2.8、厚 2.2 厘米

49. 清蟠螭纹白玉簪

长 9.8、直径 0.9 厘米

50. 清双鱼翡翠挂件

直径 5.3、厚 1.6 厘米

51. 清桃形蜜蜡鼻烟壶

高 4.3、长 3.2、宽 4.3 厘米

52. 清刘海戏金蟾石雕

高 4.5、长 8.4、宽 2.5 厘米

53. 清赵之谦刻茶梦轩石印章

高 3.8、长 2.65、宽 2.7 厘米

兵戎农桑

1. 西周青铜矛

长 14.4、宽 2.8 厘米

2. 西周凹骹青铜矛

长 19、宽 3.2 厘米

3. 春秋战国青铜箭镞（一组）

长 4.5 ~ 6.5 厘米

4. 汉青铜矛

长 12.3、宽 3 厘米

5. 汉青铜矛

长 12.5、宽 2.7 厘米

6. 东汉铜弩机

高 15.4、长 14.7、宽 3 厘米

7. 东汉铜弩机

高 16.9、长 13.9、宽 10 厘米

8. 春秋战国青铜环首削刀

上：长 24.3、刀身宽 1.7、环宽 3.2 厘米

下：长 22、刀身宽 2、环宽 3.7 厘米

9. 春秋战国青铜钺

长 8.5、刃宽 9.5、厚 2.4 厘米

10. 春秋战国青铜锛

长 10、刃宽 4.6、厚 2.8 厘米

11. 春秋战国青铜锛

长 6.1、刃宽 6.3、厚 1.6 厘米

12. 春秋战国青铜锛

长 8.3、刃宽 4.3、厚 2 厘米

13. 战国青铜镰

长 13.3、宽 4.3 厘米

14. 战国青铜铚

长 10、宽 4 厘米

文房用品

1. 汉玄武形青铜水注

高 4.7、长 13.3、宽 6.5 厘米

2. 元至正三年张伯雨铭抄手式端砚

高 6.1、长 18.8、宽 11.5 厘米

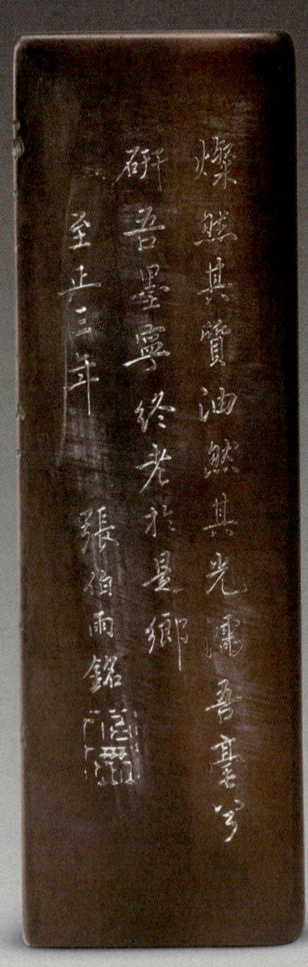

3. 明叶联芳铭端砚

高 1.7、长 17.9、宽 11.2 厘米

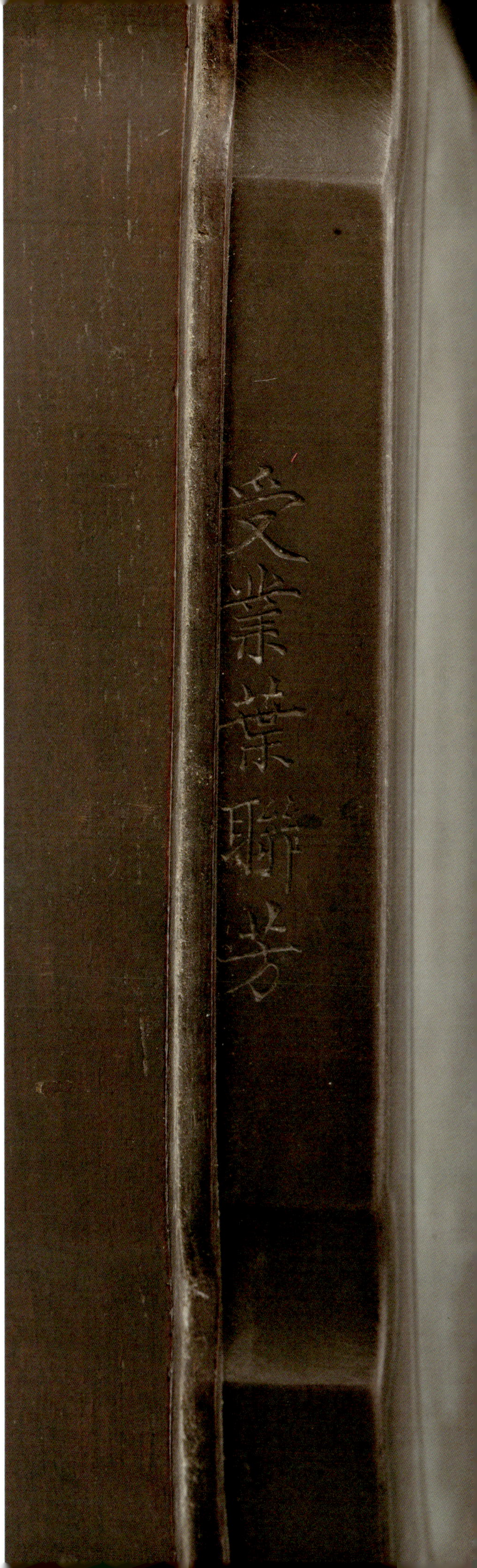

受業葉聯芳

4. 明子西书龙纹抄手石砚

高 10.5、长 17.5、宽 28.9 厘米

5. 清制西晋太康三年马蹄形砖砚

高 4.8、长 14.4、宽 19.3 厘米

6. 清制汉富贵长宜子孙吉铭砖砚

高 5.1、长 23.7、宽 14.9 厘米

7. 清制西晋铭文砖砚

高 4.4、长 24.6、宽 7.4 厘米

8. 清长方形端砚

长 17.2、宽 11.1、厚 2.59 厘米

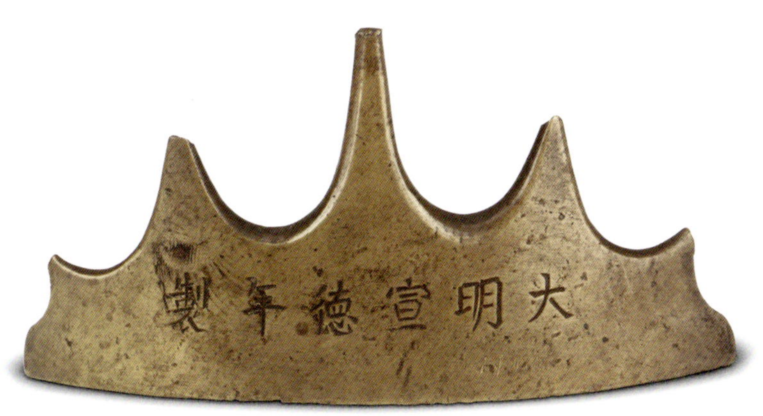

9. 清大明宣德年制款铜笔架

高 4.7、宽 9.4、厚 0.7 厘米

10. 清宜子子孙铭铜笔架

高 4.6、宽 8.9、厚 0.8 厘米

11. 清桃鸟纹铜笔架

高 3.7、长 11.8、宽 3 厘米

12. 清题诗文梅花纹竹雕笔筒

高 14.3、口径 12.1、底径 11.1 厘米

13. 清木雕笔筒

高 17.5、口径 19.3、底径 18 厘米

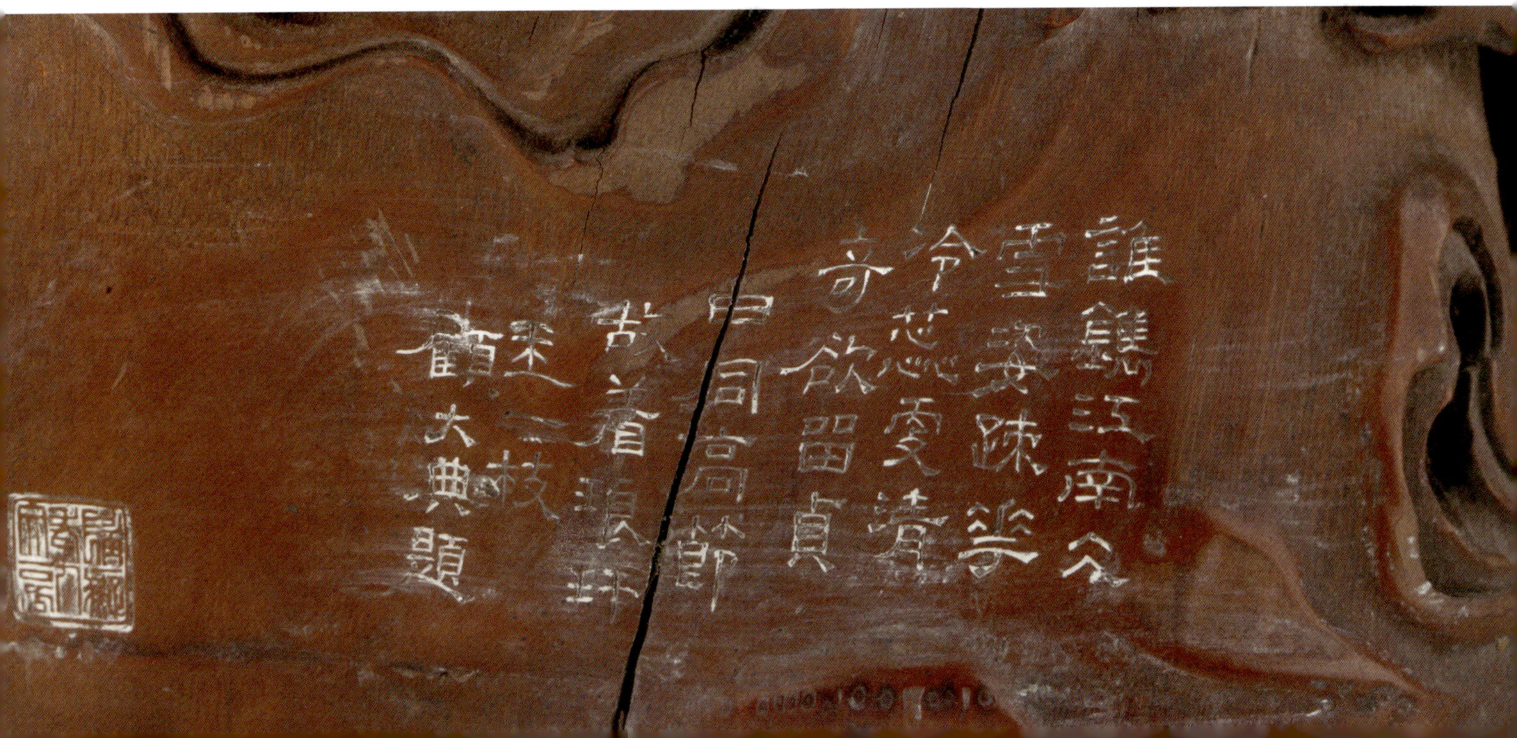

14. 清曹素功铭麻姑献寿漆金墨

高 19、宽 7.2、底 7×4 厘米

15. 民国扇形五足三叠铜墨盒

高 9.5、长 11.5、宽 5.5 厘米

浙江湘湖旅游度假区经营管理有限公司藏

16. 民国文昌阁铭铜笔插

高 11.3、长 10.3、宽 5.2 厘米

浙江湘湖旅游度假区经营管理有限公司藏

17. 民国白石款虾戏、蛙趣图铜压尺（一对）

长 16.3、宽 4、厚 0.5 厘米

18. 近代鸡血石笔架

高 7.9、宽 14.6、厚 1.8 厘米

历朝货币

1. 战国青铜蚁鼻钱

长 1.39、宽 0.92、厚 0.19 厘米
重 1 克

2. 秦半两铜钱

钱径 2.5、穿长 0.71、厚 0.09 厘米
重 3 克

3. 汉五铢铜钱

钱径 2.47、穿长 0.93、厚 0.07 厘米
重 2 克

4. 新莽大泉五十铜钱

钱径 2.76、穿长 0.85、厚 0.19 厘米
重 5 克

5. 新莽大泉五十叠铸铜母范

口 7.8×8、底 7.4×7.6、厚 1 厘米

6. 新莽大泉五十叠铸铜母范

口 7.9×7.9、底 7.4×7.6、厚 1 厘米

7. 新莽大泉五十叠铸铜母范

口 7.9×7.9、底 7.4×7.6、厚 1 厘米

8. 新莽大泉五十叠铸铜母范

口 7.7×7.7、底 7.2×7.2、厚 1 厘米

9. 新莽大泉五十叠铸铜母范

口 7.7×7.7、底 7.4×7.4、厚 1 厘米

10. 隋五铢铜钱

钱径 2.32、穿长 0.78、厚 0.09 厘米
重 2 克

11. 唐开元通宝背月牙铜钱

钱径 2.52、穿长 0.61、厚 0.14 厘米
重 3 克

12. 唐开元通宝铜钱

钱径 2.49、穿长 0.64、厚 0.12 厘米
重 3 克

13. 唐乾元重宝铜钱

钱径 2.48、穿长 0.66、厚 0.1 厘米
重 3 克

14. 南唐唐国通宝铜钱

钱径 2.43、穿长 0.51、厚 0.13 厘米
重 3 克

15. 前蜀光天元宝铜钱

钱径 2.35、穿长 0.65、厚 0.11 厘米
重 3 克

16. 后周周元通宝背龙凤纹铜钱

钱径 2.3、穿长 0.53、厚 0.18 厘米
重 5 克

17. 北宋宋元通宝铜钱

钱径 2.5、穿长 0.55、厚 0.11 厘米
重 3 克

18. 北宋淳化元宝铜钱

钱径 2.45、穿长 0.52、厚 0.12 厘米
重 4 克

19. 北宋至道元宝铜钱

钱径 2.49、穿长 0.52、厚 0.13 厘米
重 5 克

20. 北宋天禧通宝铜钱

钱径 2.57、穿长 0.58、厚 0.12 厘米
重 4 克

21. 北宋皇宋通宝铜钱

钱径 2.54、穿长 0.66、厚 0.12 厘米
重 4 克

22. 北宋庆历重宝铜钱

钱径 3、穿长 0.70、厚 0.15 厘米
重 7 克

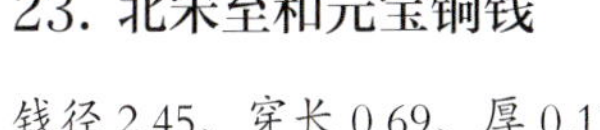

23. 北宋至和元宝铜钱

钱径 2.45、穿长 0.69、厚 0.11 厘米
重 3 克

24. 北宋治平元宝铜钱

钱径 2.35、穿长 0.55、厚 0.13 厘米
重 3 克

25. 北宋治平元宝铜钱

钱径 2.46、穿长 0.62、厚 0.14 厘米
重 4 克

26. 北宋元祐通宝铜钱

钱径 2.5、穿长 0.54、厚 0.11 厘米
重 4 克

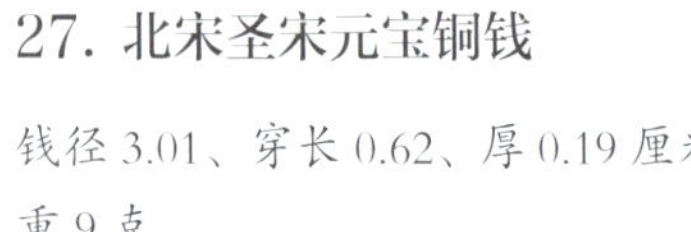

27. 北宋圣宋元宝铜钱

钱径 3.01、穿长 0.62、厚 0.19 厘米
重 9 克

28. 北宋崇宁重宝铜钱

钱径 3.4、穿长 0.76、厚 0.19 厘米
重 11 克

29. 北宋大观通宝铜钱

钱径 2.51、穿长 0.59、厚 0.14 厘米

重 4 克

30. 北宋政和通宝铜钱

钱径 2.52、穿长 0.6、厚 0.07 厘米

重 2 克

31. 辽乾统元宝铜钱

钱径 2.42、穿长 0.54、厚 0.13 厘米

重 3 克

32. 南宋绍兴元宝背月牙铜钱

钱径 2.97、穿长 0.68、厚 0.18 厘米

重 7 克

33. 南宋淳熙元宝背月牙铜钱

钱径 2.92、穿长 0.79、厚 0.14 厘米
重 6 克

34. 南宋庆元通宝背五铜钱

钱径 3.39、穿长 0.81、厚 0.19 厘米
重 9 克

35. 南宋嘉定通宝背六铜钱

钱径 2.42、穿长 0.58、厚 0.16 厘米
重 3 克

36. 南宋大宋元宝背元铜钱

钱径 2.95、穿长 0.69、厚 0.17 厘米
重 7 克

37. 南宋绍定通宝背二铜钱

钱径 2.96、穿长 0.6、厚 0.16 厘米
重 7 克

38. 南宋端平通宝铜钱

钱径 3.56、穿长 0.83、厚 0.2 厘米
重 12 克

39. 南宋嘉熙通宝背三铜钱

钱径 2.9、穿长 0.7、厚 0.12 厘米
重 6 克

40. 南宋皇宋元宝背六铜钱

钱径 2.88、穿长 0.66、厚 0.14 厘米
重 6 克

41. 南宋咸淳元宝背五铜钱

钱径 2.67、穿长 0.74、厚 0.11 厘米
重 4 克

42. 南宋河东王二足赤金金铤

长 12.6、宽 1.7、厚 0.11 厘米
重 40.4 克

43. 南宋韩四郎十分金金铤

长 12.1、宽 1.5、厚 0.12 厘米
重 40.8 克

44. 金正隆元宝铜钱

钱径 2.5、穿长 0.55、厚 0.13 厘米
重 3 克

45. 金大定通宝铜钱

钱径 2.53、穿长 0.56、厚 0.12 厘米
重 3 克

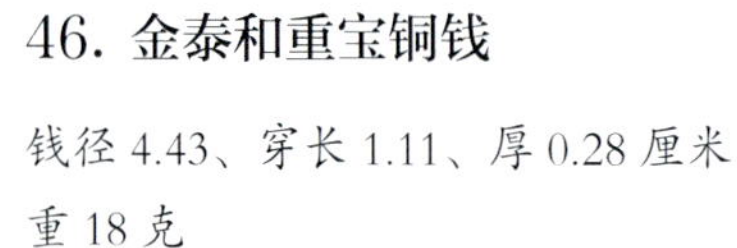

46. 金泰和重宝铜钱

钱径 4.43、穿长 1.11、厚 0.28 厘米
重 18 克

47. 元至大通宝铜钱

钱径 2.29、穿长 0.53、厚 0.19 厘米
重 4 克

48. 元至正通宝背辰铜钱

钱径 2.95、穿长 0.65、厚 0.19 厘米
重 7 克

49. 元至正通宝铜钱

钱径 4.51、穿长 1.08、厚 0.31 厘米
重 25 克

50. 元徐寿辉铸天定通宝铜钱

钱径 3.19、穿长 0.72、厚 0.23 厘米
重 8 克

51. 元张士诚铸天佑通宝背三铜钱

钱径 3.37、穿长 0.96、厚 0.25 厘米
重 10 克

52. 元末朱元璋铸大中通宝背十铜钱

钱径 4.5、穿长 1.3、厚 0.27 厘米
重 14 克

53. 明洪武通宝背京十铜钱

钱径 4.57、穿长 1.05、厚 0.28 厘米
重 29 克

54. 明天启通宝背十铜钱

钱径 4.55、穿长 0.87、厚 0.17 厘米
重 18 克

55. 明崇祯通宝阔缘背二铜钱

钱径 2.9、穿长 0.56、厚 0.14 厘米
重 6 克

56. 清顺治通宝背宝原铜钱

钱径 2.87、穿长 0.56、厚 0.1 厘米
重 5 克

57. 清雍正通宝背宝云铜钱

钱径 2.71、穿长 0.48、厚 0.10 厘米
重 4 克

58. 清嘉庆通宝背天子万年铜钱

钱径 2.68、穿长 0.53、厚 0.16 厘米
重 6 克

59. 清咸丰元宝背宝苏当百铜钱

钱径 6.11、穿长 1.29、厚 0.28 厘米
重 52 克

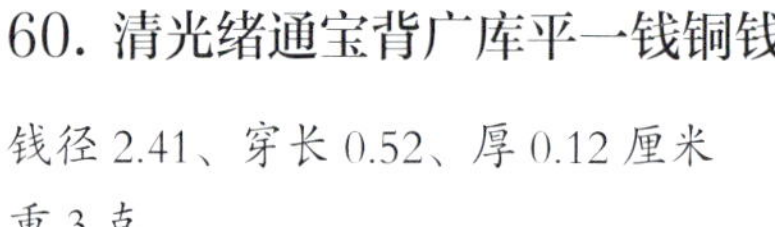

60. 清光绪通宝背广库平一钱铜钱

钱径 2.41、穿长 0.52、厚 0.12 厘米
重 3 克

61. 清大西国张献忠铸大顺通宝背工铜钱

钱径 2.74、穿长 0.58、厚 0.1 厘米
重 5 克

62. 清南明朱由榔铸永历通宝铜钱

钱径 2.83、穿长 0.57、厚 0.11 厘米
重 5 克

63. 清耿精忠铸裕民通宝背一分铜钱

钱径 2.8、穿长 0.61、厚 0.12 厘米
重 5 克

64. 清吴三桂铸利用通宝铜钱

钱径 2.44、穿长 0.49、厚 0.1 厘米
重 3 克

65. 清吴三桂铸昭武通宝背工铜钱

钱径 2.37、穿长 0.45、厚 0.13 厘米
重 4 克

66. 清吴世璠铸洪化通宝铜钱

钱径 2.44、穿长 0.54、厚 0.08 厘米
重 3 克

67. 清道光二十九年江海关银锭

长 11、宽 6.9、高 6.8 厘米
重 1868.6 克

68. 清咸丰会昌县匠永康银锭

长 10.4、宽 7、高 7.6 厘米
重 1839 克

69. 清咸丰六年阳曲县银锭

长 10.6、宽 6.8、高 7.6 厘米
重 1828.3 克

70. 清咸丰拾年江海关银锭

长 8、宽 1.3、高 7.5 厘米

重 1859 克

71. 清咸丰太平县银锭

长 12、宽 8.1、高 6.7 厘米

重 1859 克

72. 清咸丰汾阳县银锭

长 10.7、宽 6.9、高 7.2 厘米

重 1846 克

73. 清咸丰太原县银锭

长 10.9、宽 6.9、高 8.2 厘米

重 1840.8 克

74. 清“安吉”“协丰”“九年”字戳圆银锭

直径 4.6、高 2.3 厘米
重 183.2 克

75. 清“鼎裕”“息”字戳圆银锭

直径 4.7、高 2.2 厘米
重 182.3 克

76. 清“福顺”“尔”字戳圆银锭

直径 4.8、高 2.6 厘米
重 189.1 克

77. 清“福顺”“原”字戳圆银锭

直径 4.6、高 2.4 厘米
重 185.4 克

78. 清“黄金”“林”字戳圆银锭

直径 4.8、高 2.6 厘米
重 186 克

79. 清“嘉卫”“丰号”“九年”字戳圆银锭

直径 4.2、高 2.4 厘米

重 187 克

80. 清“龙游”“振昌”“陆年”字戳圆银锭

直径 4.7、高 2.6 厘米

重 179.5 克

81. 清“龙游”“重光”“八年”字戳圆银锭

直径 4.7、高 2.3 厘米

重 175 克

82. 清“隆聚”字戳圆银锭

直径 4.7、高 2.5 厘米

重 179.5 克

83. 清“嵊县”“振元”“十年”字戳圆银锭

直径 4.6、高 2.4 厘米

重 183.7 克

84.17 世纪朝鲜李朝常平通宝背训正六铜钱

钱径 2.42、穿长 0.64、厚 0.14 厘米
重 4 克

85.17 世纪日本宽永通宝背文铜钱

钱径 2.5、穿长 0.58、厚 0.1 厘米
重 3 克

86.19 世纪日本文久永宝背水波纹铜钱

钱径 2.62、穿长 0.55、厚 0.1 厘米
重 4 克

87.18 世纪安南后黎朝景兴通宝铜钱

钱径 2.3、穿长 0.52、厚 0.06 厘米
重 1 克

88.18 世纪安南阮朝郑天赐铸安法元宝铜钱

钱径 2.14、穿长 0.44、厚 0.05 厘米

重 1 克

89.18 世纪安南西山朝光中通宝铜钱

钱径 2.24、穿长 0.46、厚 0.07 厘米

重 2 克

90.19 世纪安南阮朝嘉隆通宝铜钱

钱径 2.29、穿长 0.56、厚 0.05 厘米

重 1 克

91.19 世纪安南阮朝明命通宝铜钱

钱径 2.26、穿长 0.46、厚 0.07 厘米

重 2 克

92.19 世纪安南阮朝嗣德通宝铜钱

钱径 2.43、穿长 0.44、厚 0.08 厘米

重 3 克

93. 清福寿铜花钱

钱径 4.51、穿长 0.85、厚 0.22 厘米
重 24 克

94. 清状元及第一品当朝背福铜花钱

钱径 4.53、穿长 0.84、厚 0.23 厘米
重 22 克

95. 清吉庆平安十二生肖花钱

钱径 10.8、穿长 1.6、厚 0.4 厘米
重 188 克

96. 清光绪宝鄂局造大清铜币当制钱十文铜币

直径 1.8、厚 0.17 厘米

重 8 克

97. 清北洋造光绪元宝库平七钱二分银币

直径 3.9、厚 0.25 厘米

重 24 克

98. 清丙午中心“皖”大清铜币十文铜币

直径 2.89、厚 0.17 厘米

重 7 克

99. 清宣统三年壹圆大清银币

直径 3.89、厚 0.26 厘米

重 28 克

100. 1871 年墨西哥鹰图银币

直径 3.92、厚 0.26 厘米
重 37 克

101. 民国孙中山侧面像开国纪念币壹圆银币

直径 3.83、厚 0.33 厘米
重 26.6 克

102. 民国开国纪念币十文铜币

直径 2.86、厚 0.13 厘米
重 7 克

103. 民国三年袁世凯侧面像壹圆银币

直径 3.9、厚 0.26 厘米
重 24 克

104. 民国中央银行贰角纸币

纵 6.1、横 12.2 厘米

浙江湘湖旅游度假区经营管理有限公司藏

105. 民国中央银行壹角纸币

纵 6、横 11.7 厘米

浙江湘湖旅游度假区经营管理有限公司藏

106. 民国十七年中央银行拾圆纸币

纵 8、横 17.3 厘米

浙江湘湖旅游度假区经营管理有限公司藏

107. 民国二十年交通银行壹圆纸币

纵 7.3、横 14.5 厘米

浙江湘湖旅游度假区经营管理有限公司藏

108. 民国二十四年中国农民银行壹圆纸币

纵 7.5、横 13.5 厘米

浙江湘湖旅游度假区经营管理有限公司藏

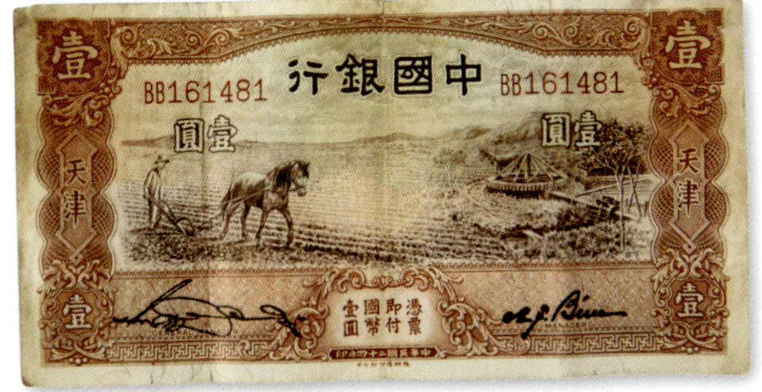

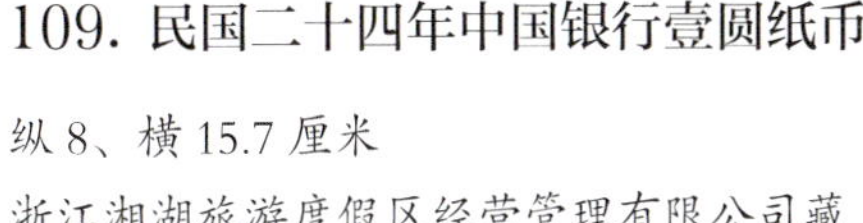

109. 民国二十四年中国银行壹圆纸币

纵 8、横 15.7 厘米

浙江湘湖旅游度假区经营管理有限公司藏

110. 民国三十年中央银行壹佰圆纸币

纵 8.3、横 16 厘米

浙江湘湖旅游度假区经营管理有限公司藏

111. 民国三十四年中央银行壹仟圆纸币

纵 6.5、横 13.6 厘米

浙江湘湖旅游度假区经营管理有限公司藏

112. 民国三十五年中央银行伍佰圆

东北九省流通券

纵 6.7、横 16.2 厘米

浙江湘湖旅游度假区经营管理有限公司藏

113. 民国三十六年中央银行关金

伍仟圆纸币

纵 16.6、 横 7.4 厘米

浙江湘湖旅游度假区经营管理有限公司藏

114. 民国三十七年中央银行壹佰圆纸币

纵 6.3、横 14.5 厘米

浙江湘湖旅游度假区经营管理有限公司藏

115. 民国三十八年广东省银行拾圆大洋票

纵 6、横 14.8 厘米

浙江湘湖旅游度假区经营管理有限公司藏

116. 民国三十八年壹佰市斤草票

纵 12.2、横 4.9 厘米

117. 民国三十八年中央银行壹仟圆金圆券

纵 6.7、横 14.6 厘米

浙江湘湖旅游度假区经营管理有限公司藏

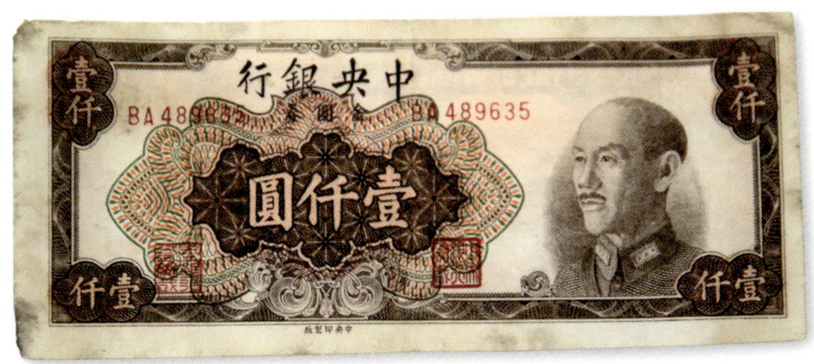

王公撰衍行至邑尊請已試君臨舒進曰屬不稱學

子三使者作而曰是余心也若所言犁然有當謀既僉

吳亦輸材薦力起己亥歲夏四月至秋八月告成易府

駭目洞心於茲[illegible]哉竊謂士君子之於學患不固畀

滅裂而種其報亦將鹵莽滅裂向使當時工善度材宜

其身而其所以自守則惟苟且是務殆與前所謂腐土

爲詳惟麟伯儒而通見義有勇故於是役宣力靡不至

所本故能底于成[illegible]豈偶然哉衿佩來游知其成之

足蓋施於繕脩一事而已邑官若士謂伯淳曾職之

碑拓文书

1. 清拓元赵孟頫书萧山县学重修大成殿记碑拓片

纵 176、横 118 厘米

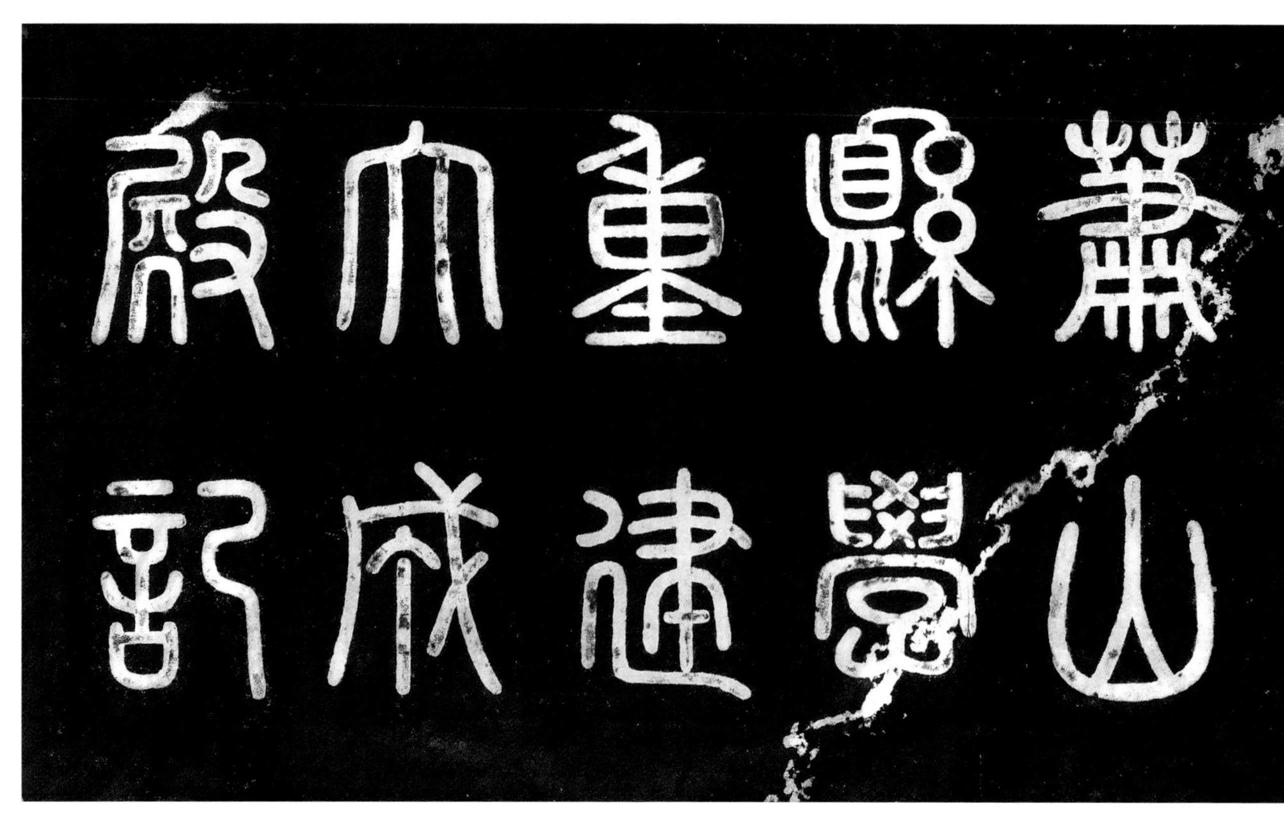

蕭山縣學重建大成殿記前翰林直學士奉訓大夫知 制誥同脩 國史張伯淳 譔
前集賢直學士奉議大夫太原路汾州知州趙孟頫 書
朝列大夫江浙等處行中書省左右司郎中賈 仁 篆額

國有學學有
大成殿凡皆然不特蕭山也蕭山為邑西瞰錢塘東接千巖萬壑之秀宋紹興間建學文筆峯前拓地恢規自昔
為諸邑宗絃誦聲日相聞名公鉅卿秝秝輩出
皇元混一以来士由學者咸給復部使者往往能以宣明勉勵為己任以故飭獎植僵視前弗替當至元壬辰歲廉訪副
使東平王公侯既宏闡郡學行有餘力重建斯學時教諭山陰王酉焱亦能營治如家不日而成當有紀其事者
惟殿之成欲速不皇擇木曾未十稔腐弗克支大德戊戌縣尉大名王振麟伯教諭天台陳處久德可四明陳適
文卿首議撤而新之既而尹燕山王琛君寶来上慨然謂宜主簿太原王泰亨仲通與達魯花赤可馬剌丁咸是
其議顧力有不逮會是秋副使琭降公簽司事王公煥循行至邑莫謁己諸君闔辞進曰殿不稱學不亟圖之將
壓焉庶必藻芹顧瞻若是為士者獨無內愧乎二使者作而曰是余心也若所言犁然有當謀既僉同於是邑令
董其總尉相其役教諭傾廪以經其始諸生莫不輸材薦力起己亥歲夏四月至秋八月告成易腐木而堅汰舊
觀而新民不知役士無異論奐然翬飛過者駭目洞心於乎盛哉竊謂士君子之於學患不固可思必精辨必明
行必力然後見諸日用而不悖猶之農鹵莽滅裂而種其報亦將鹵莽滅裂向使當時工善度材宦不計速效殿
雖歷千載猶一日也欽惟
制詔褒須崇尚
孔子之道有地治者罔敢行其冒靈以雖
皇澤士何幸然士所學何事如徒然求以復其身而其所以自守則惟苟且是務殆與前所謂腐木者奚以異可
不懼哉德可於伯淳為中表道其脩建顛末為詳惟麟伯儒而通見義有勇故於是役宣力靡不至文卿名家子
敏而好脩心惟身任蚤夜弗少懈令佐皆知所本故能底于成[illegible]偶然哉衿佩来游知其成之不易而責效
之不可以速則在我者必將求為可久之道是豈施於繕脩一事而已官若士謂伯淳曾職太史氏言或可
信後来文以乘不朽因述所見聞云然尚相與勉旃德可昔嘗有名于朝不特可稱云
大德三年十月 日記

2. 清拓光绪九年萧邑高公德政碑拓片

纵 34、横 500 厘米

民之所以親我侯者表揚於萬一乎
記云至親無文是不敢以諛詞進乎
成拙句用誌去思
城鑮兩山頭清官不久留 二語蕭山民謠西山為縣治東北城隍支上故云
民謠從古驗涕泣送賢侯 賢侯雖再淂
事事亦勤民數到游楊後 宋游定夫楊龜山兩公治蕭多惠政至今建祠
尸祝如公有幾人 公在民忘樂公歸民繫思
不知公去若試憶未來時 秋水接長天西
陵渡口船問公今日去再到是何年
傅鼎乾
疲餘民氣賴滋培三載慈君德化該直以生靈閱性命
莫將科目閱人才循良漢吏風斯覲換字唐賢道更賅
善政不煩腔一一但看徧野召棠栽
戢亂衰年假室跡勉隨文老共攀輿春原有腳雖停待
雲出無心任卷舒治繼道南來太暮倒援河內借終虛
風謠備入輶軒採準備蘭臺特筆書 韓欽
賢侯之清水一泓纖塵不染如鏡明賢侯
之慎無冤獄向隅能察螻蟻情賢侯之勤

渊塘隄固三載西山雨露勻自是循聲
皆學術寧官何媿讀書人
不秉不蓋徧巡行民隱諮詢鑒察明胥吏
無權皆斂手文符非擾各安畊作自周敝
呈身切闈發潛光草茀成寒玉冰壺清澈
處近來賢尹數南京
素風茹菜御珍羞日食惟汁第一流座右
官箴先寡悔眼前吏治復何求皮卿自愛
琴絲直緒今雖將坐繳留可惜觀成心未了
香醪風送桂花秋 蔡以瑩
輭紅塵裏識公初彈指光陰七載餘 公於丙子北上
展覲過於京邸 方恨官途分軌轍何緣梓里拜巾
車敢忘偃室頻投刺每媿高軒特造盧武
邑牛刀纔小試通材畢竟異迂疏
兩年政績邁陽城漫說循良易得名徵服
郊巡旄吠靖片言獄具雀爭平四知善絕苞
苴路三宥頻求桎梏情繞郭青山成俗
謠攀轅忍令使君行 蕭邑有城攀兩山頭清官不久留之謠

邑侯高公德政序

邑宰者親民之官也親之者非苐近之謂也蓋有所以親之者也然非知官之如何親民但觀民之如何親官而非知民之如何親官則莫如觀民之不愚觀官則官之無媿為親民之官也然乃於見矣與卿高侯來蒞吾蕭凡三稔考課則親評閱詞狀則親檢收賦稅則親催納塘隄則親督修以至市鎮通衢窮鄉僻壤則無不親自巡行洞察民隱不辭勞不任德弊必剔利必興疾痛疴癢息息與吾民休戚相關是我侯之親民不啻慈母之親赤子焉今年秋八月量移去蕭我蕭民奔集江干焚香加額遮道牽裾亦不啻赤子失其親慈母焉孟子曰孩提之童無不知愛其親也既曦然老

賢侯之清水一泓纖塵不染如鏡明賢侯之慎無冤獄向隅能察螻蟻情賢侯之勤少留牘勉期立剖鷸蚌爭清慎勤官箴守父老咸云未曾有治民不惡治吏嚴嚴非苛攫掣其肘催科中寓撫字心萬姓懽呼詡杜母悅誦拾遺田父詩襲人說官常在口懷昔下車諭周諮金科玉律須告頻勸民息訟曉利害新政已識循吏循剔除積獘鞫強梗表彰潛德崇師賓稃敲不驚犬行吠淪鞭示辱雖亦馴迄今三載沾實惠百善幾難覼縷陳逦知當日布條教語語肺腑流性真蕭然名宦多風雅丘駐仙鳧共心寫應潮純儒与良吏前有游楊後姚賈賢能方幸紹遺薇陔別攀轅那能舍瀘臺老矣安練裳偃室從未隨翱翔但借琴書日消遣閱一善政喜欲狂古人去後思何武昌若口碑早琅琅君不見清風袖長風舸西陵片石鎮歸裝

任丙炎

懷允不忘 原隰既平我倉既盈既安
且寧以保我後生 興雨祁祁行道遲遲
愛而不見如之何勿思 湯盤

燕臺歸去謁棨堂幸許登龍附末光 余司鐸武原家居日少從末晉謁今春北上引覲秋初旋里始行趨謁
早仰精明兼渾厚果然經
濟即文章隨時陰雨膏郇黍到處春風穗召
棠第一為民請命者長隄捍海鞏金湯
西陵渡口浙江邊來送攜琴載鶴船問俗敢
云風土厚攔街都話長官賢虛懷隱察真如
鏡讀律持平可告天衹惜我公揮手去媿無
人贈一文錢 傅賚予

栽花正滿河陽縣移植龍山共把
慈雲戀春光無限留芳甸 驛亭攀
柳旗官閣開菊醼攀轅之術還懷仁
風扇湘頭莫送帆如箭
調寄越江吟 朱伯增

廉吏誰云不可為感人深處繫人思何須定覓山
頭石銘泐沿途有口碑

五馬望雲邊 韓翃
為政風流今在茲 杜甫 同僚偶與風心期 白居易 清時公道
還堪信 李咸用 益母英華更有誰 姚鵠 使者應須訪循吏
嚴維 邑中還欲置生祠 李頻 迎車扶舞多耆老 盧綸 且為
君刊第二碑 劉禹錫 蕭民於西興郵亭已立民不能忘碑茲誠第二矣
右詩乃蕭山紳士歌頌
禹卿高司馬德政而作也 禹卿宰蕭三年政績卓
越解任時父老欲留不得而攀卧至於泣下焚香
跪送數十里不絕賢士大夫又摘歌頌之詞屬余書
以壽石嵌治堂之壁永矢去思夫 禹卿與蕭民相
親至此真可謂民之父母矣時余治權古越州久聞
善政遂樂其請而分體書之復集古二首附驥以
紀事後之攬者當必有所觀感而繼其美者矣
光緒九年歲在癸未嘉平月望日鬱平陳璚并跋

為民請命幾曾辭況值金隄乍潰時客夏久雨西江
隄決公駕舟救民於巨浪中旋即赴郡赴省乞款修築幸免其魚之歎三策治河勞建
議群謀築室費維持時紳士各執一見賴公竭力調停得全大局公於
鄒子功堪埒我本杞人咎自貽到處甘棠懷
召伯宣防尤繫去思碑
菁莪仰體作人篇化蜀原從文教先底洞成
規虧一簣公創議捐建考棚并脩書院已有成議旋因中阻而止龍莊遺行
颺重泉吾邑汪龍莊先生乾嘉時碩德純儒公詳請上臺入告從祀鄉賢四時
報蜡微防日五夜呼盧隱戢年大府只今崇
吏治定虛前席待名賢　胡熵芬

江天秋老使君行消息傳來淚欲傾官好
家能迴氣運才高原不繫科名病瘝入抱
心殊苦經濟羅胸政自成我為鄉關增歎
惜攀轅不獨是私情

清白傳家不厭貧無才敢現宰官身十秋
績重親民吏三載公真造福人心鏡當空
明似水口碑到處澤如春慈雲天遣三衢
去公量移補授龍游共見殊猷更布新　鍾觀豫

頭石銘泐沿途有口碑
遮留無計奈情何選韻裁箋寄慨多此後官箴許
頌富載將滿篋去思謌
使君駕出永興關訪石懷錢滿市闤都向望江樓上
望顧如潮去又潮回
覘旌纔渡浙江隈又聽量移重上台瀰始三衢人有
福何修得此好官來　陳光烈

嘗代論循吏如公得幾人萬家恩共戴
三載政逾新痌瘝胥關己勤勞不悴
辛襟懷清似水案牘淨無塵畫壩手
來樂仍施法外仁狂瀾迴既倒善俗化
疑神跡履鄉村遍名傳婦孺真同聲
呼召父有腳等陽春忽聽徵劉寵群
思借寇恂攀轅虛衆願立雪證前因冰
鑑衡文日風簷課士晨童軍驚擢元
卉盛陶甄雲路期他日師恩荷以身瓣
香時頂禮重到活斯民　鍾鼎文

新詩叁得百餘篇杜荀鶴送尔維舟惜此筵杜甫越國封
疆吞碧海白居易河陽花縣坐神仙鮑溶吏情更覺滄洲遠

穀似光前積善在躬樹良型於弓治克家有子拓令緒於韜鈐茲以覃恩封爾為武畧佐騎尉錫之勅命於戲錫策府之徽章游承恩澤荷天家之庥命增耀門閭

制曰怙恃同恩人子勤恩於將母赳桓著績王朝錫類以榮親爾蔣氏迺江南長淮衛四幫領運千總蔣承陛之母七誠嫻明三遷勤篤令儀不忒早流珩瑀之聲慈教有成果見干城之器茲以覃恩封爾為安人於戲錫龍綸而煥采用荅劬勞被象服以承庥允膺光寵

江南長淮衛四幫
領運千總蔣承陛

道光元年叁月貳拾玖日

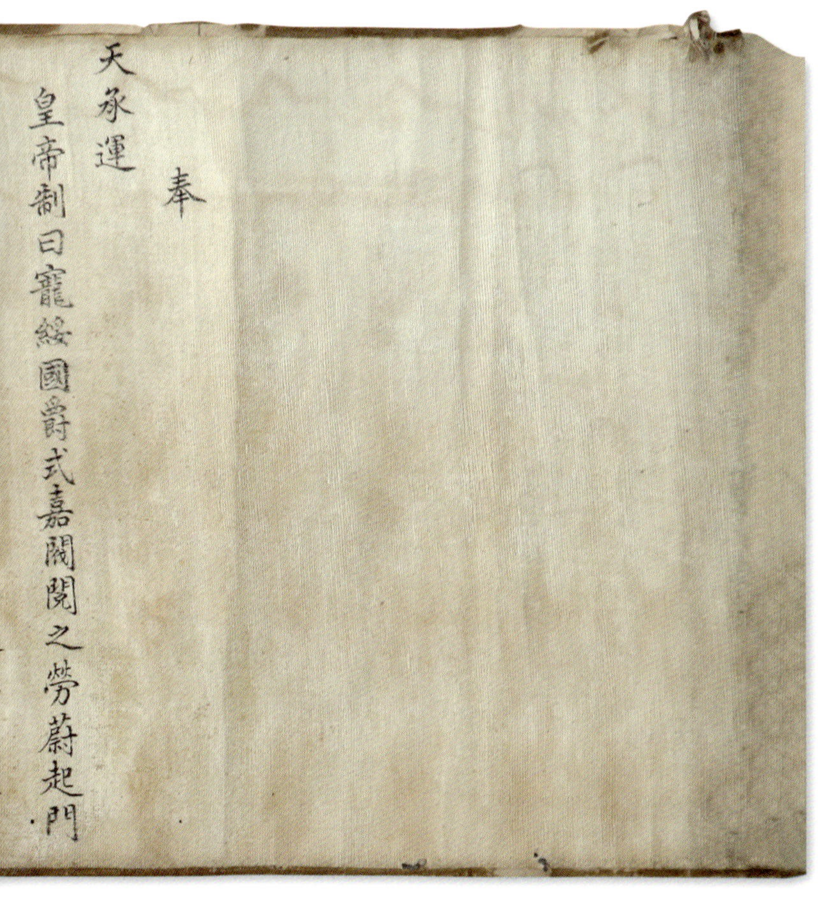

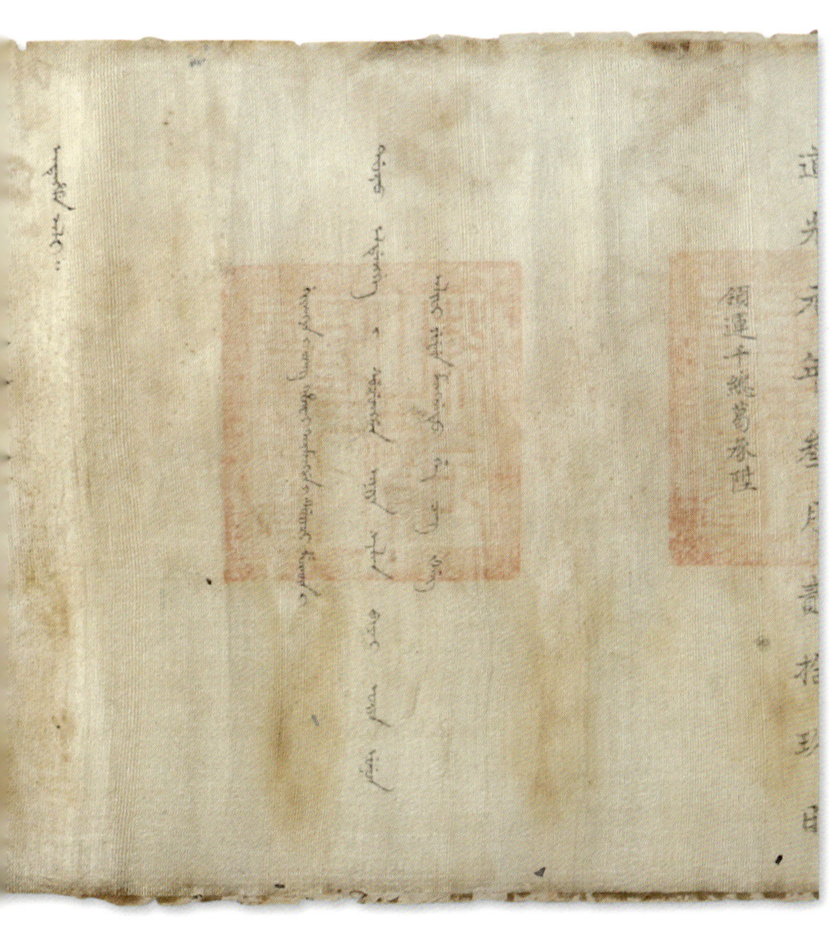

3. 清道光元年葛云飞曾祖父母封诰卷

纵 32、横 181 厘米

承陞之祖父敬以持躬忠能啟後威宣閫外家傳韜
畧之書澤沛天邊國有旗常之典茲以覃恩貤贈爾
為武畧佐騎尉錫之勅命於戲戎武維揚特起孫枝
之秀賞延於世益徵遺緒之長

制曰樹豐功於行陣業著聞孫錫介福於庭幃恩推大
母爾趙氏迺江南長淮衛四幫領運千總葛承陞之前
祖母壼儀足式令問攸昭表劍珮之家聲輝流奕世
播絲綸之國典慶衍再傳茲以覃恩貤贈爾為安人
於戲翟茀用光膺宏庥於天闕龍章載煥被大惠於
重泉

制曰樹豐功於行陣業著聞孫錫介福於庭幃恩推大
母爾孫氏迺江南長淮衛四幫領運千總葛承陞之
祖母壼儀足式令儀攸昭表劍珮之家聲輝流奕世
播絲綸之國典慶衍再傳茲以覃恩貤贈爾為安人
於戲翟茀用光膺宏庥於天闕龍章載煥被大惠於
重泉

江南長淮衛四幫

道光元年叁月貳拾玖日

領運千總葛承陞

4. 清道光元年葛云飞祖父母封诰卷

纵 31、横 157 厘米

5. 清道光十四年葛云飞父母封诰卷

纵 32.5、横 210.4 厘米

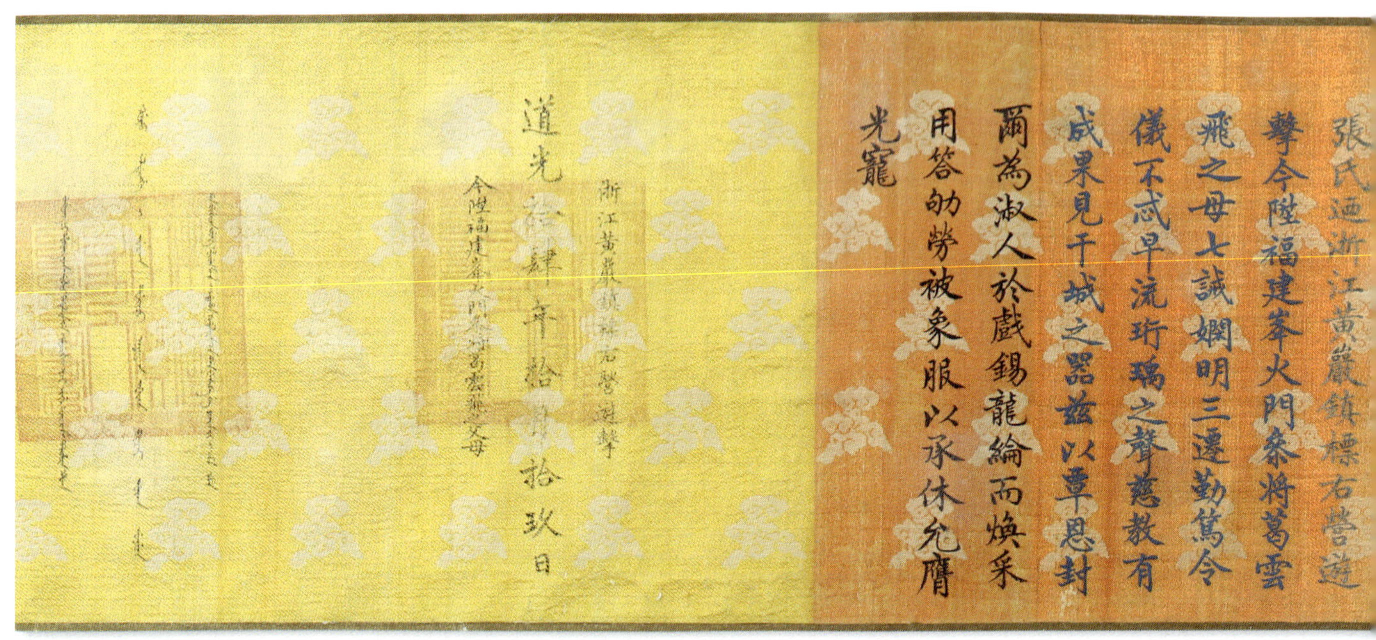
張氏迺浙江黃巖鎮標右營遊擊今陞福建峯火門參將葛雲飛之母七誠嫻明三遷勤篤令儀不忒早流珩瑀之聲慈教有成果見干城之器茲以覃恩封爾為淑人於戲錫龍綸而煥采用答劬勞被象服以承休允膺光寵

浙江黃巖鎮標右營遊擊

今陞福建峯火門參將葛雲飛之父母

道光拾肆年拾月拾玖日

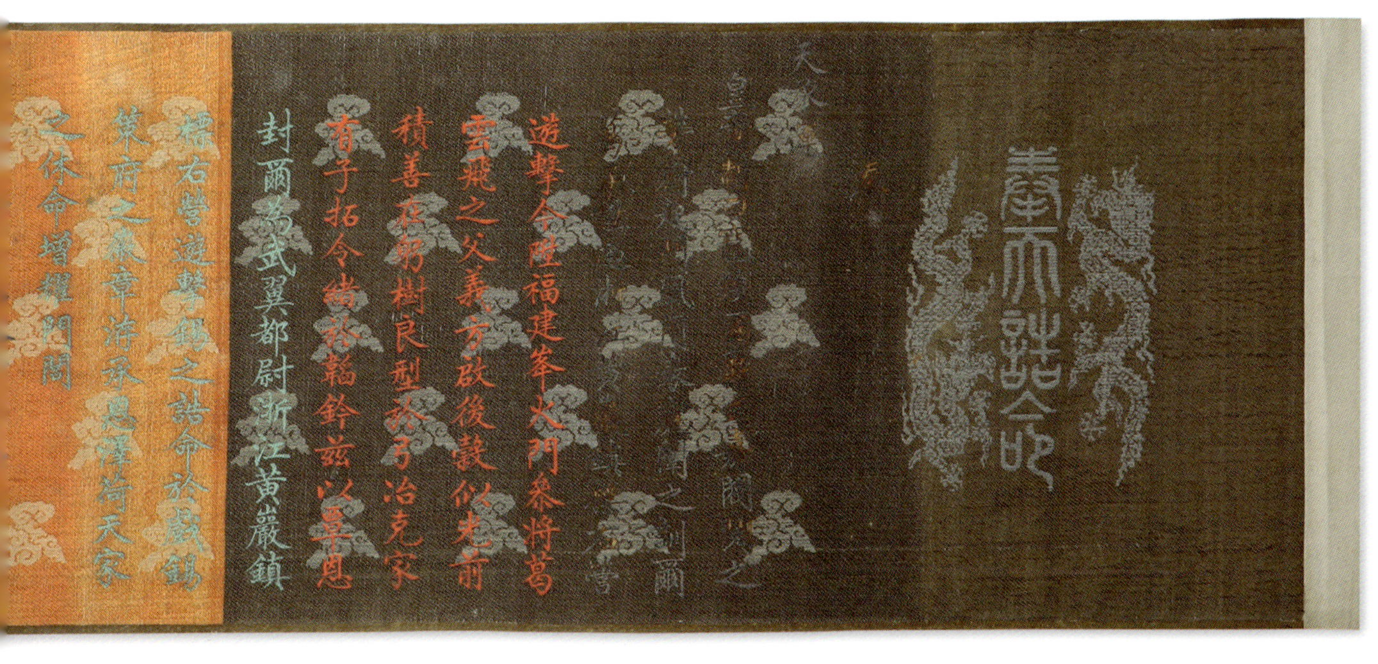

奉天誥命

遊擊今陞福建峯火門參將葛
雲飛之父義方啟後穀似光前
積善在躬樹良型於弓治克家
有子拓令緒於韜鈐茲以覃恩
封爾為武翼都尉浙江黃巖鎮
標右營遊擊錫之誥命於戲錫
策府之崇章洊承恩澤荷天家
之休命增耀門閭

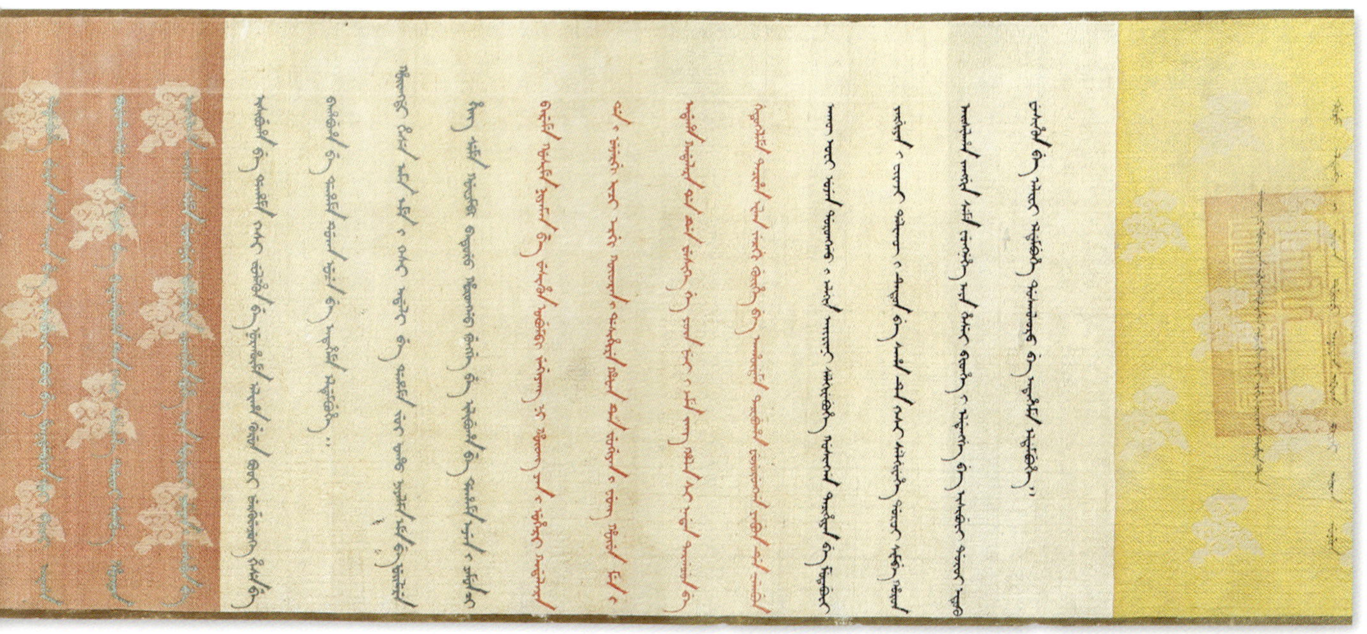

6. 清同治十年葛云飞封诰卷

纵 32.5、横 378 厘米

7. 清道光二十六年绝卖山契

纵 58.5、横 68.5 厘米

杭州市萧山区第二高级中学藏

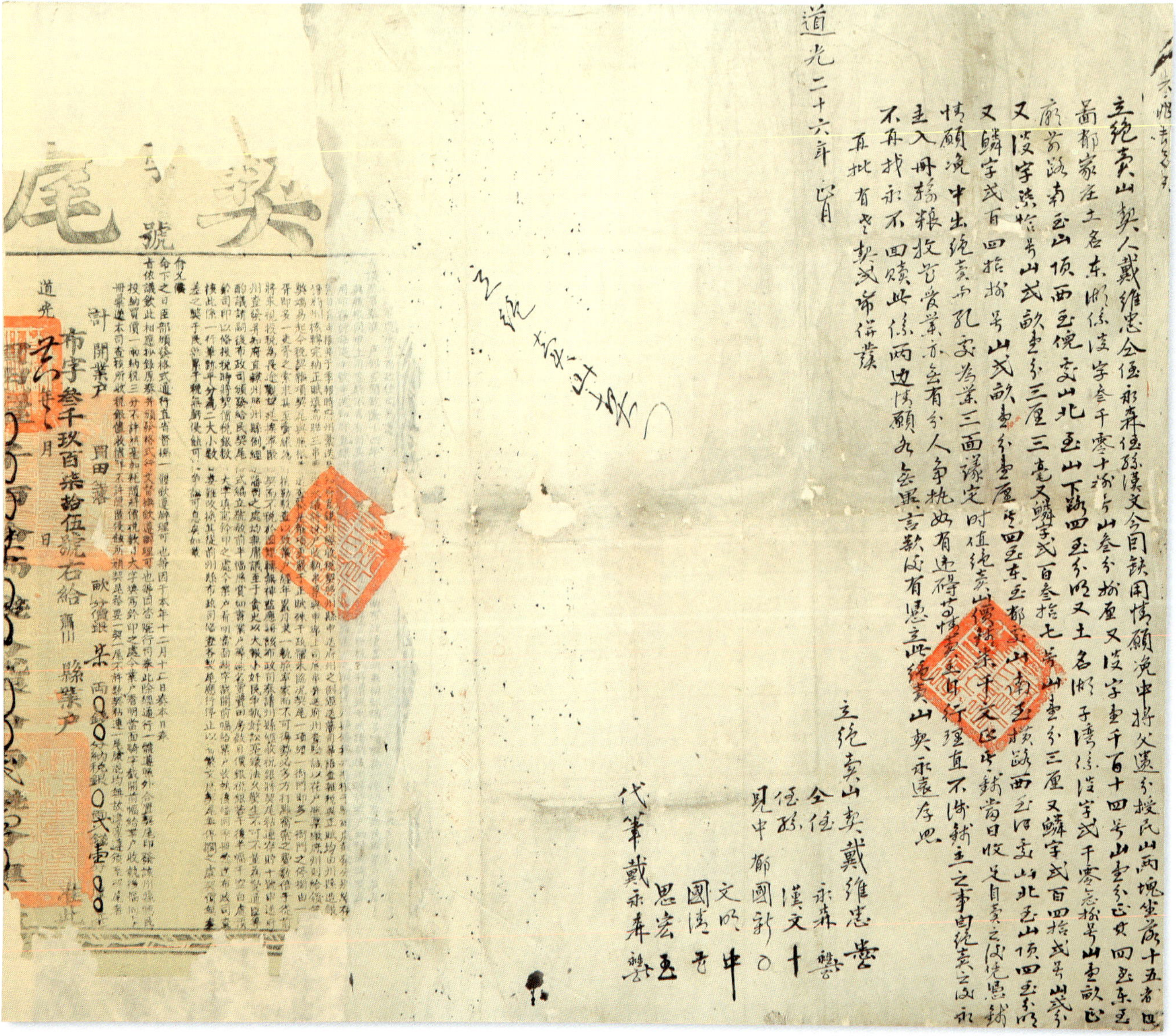

8. 清道光二十七年买田契尾

纵 51、横 28.1 厘米

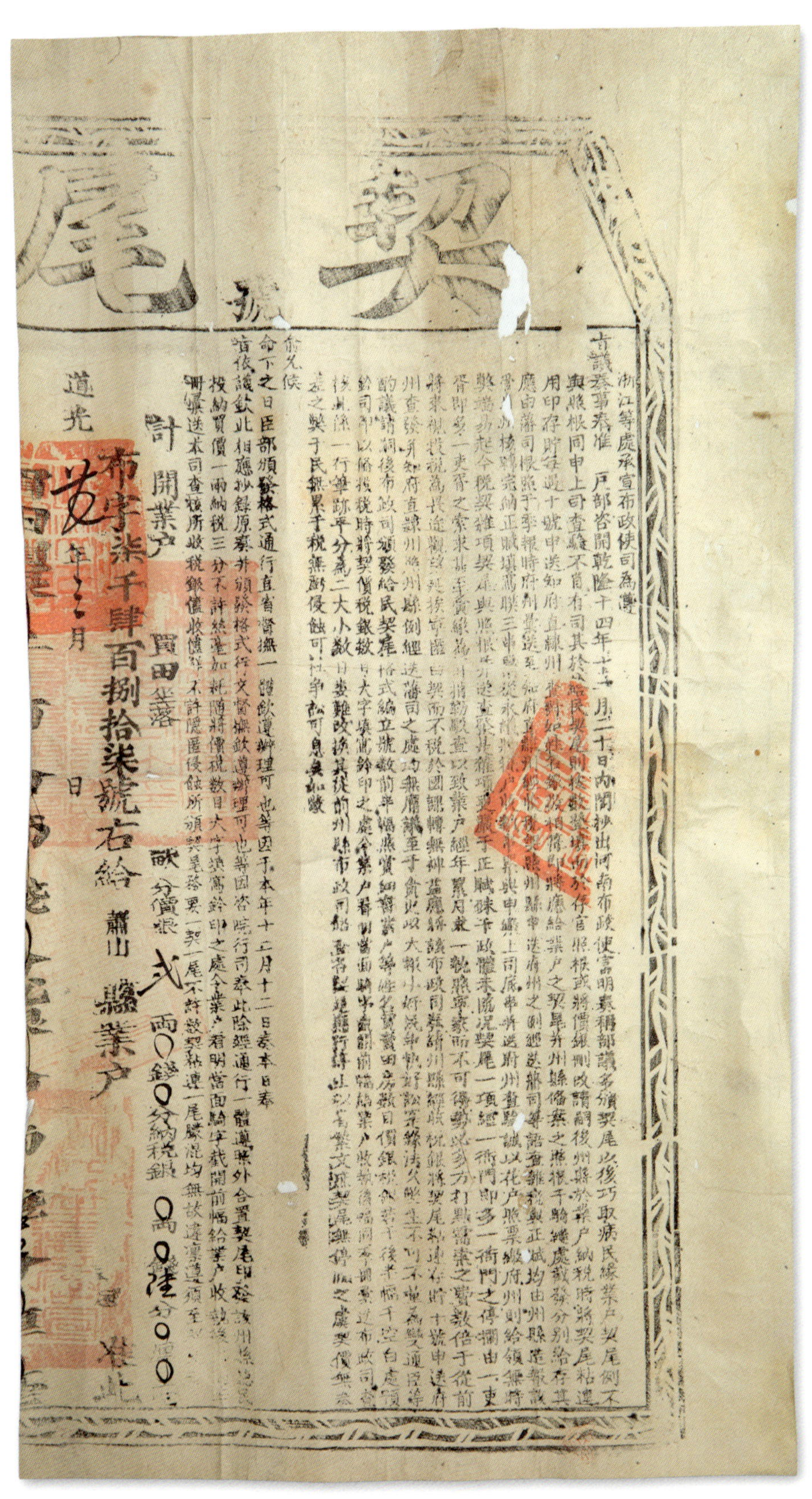

9. 清咸丰九年绝卖田契

纵 57、横 62.5 厘米

杭州市萧山区第二高级中学藏

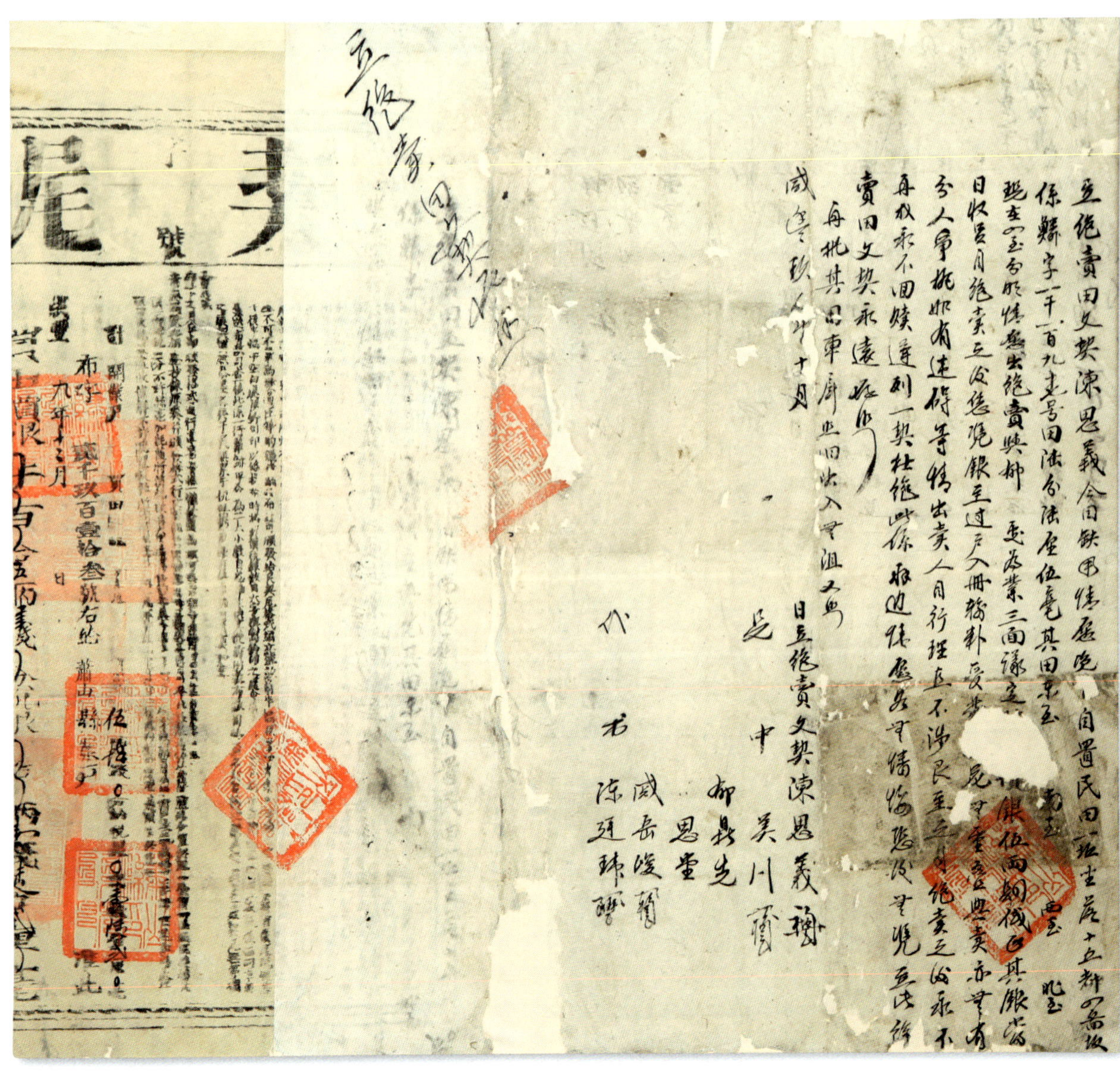

10. 清同治五年绝卖田契

纵 54、横 69 厘米

杭州市萧山区第二高级中学藏

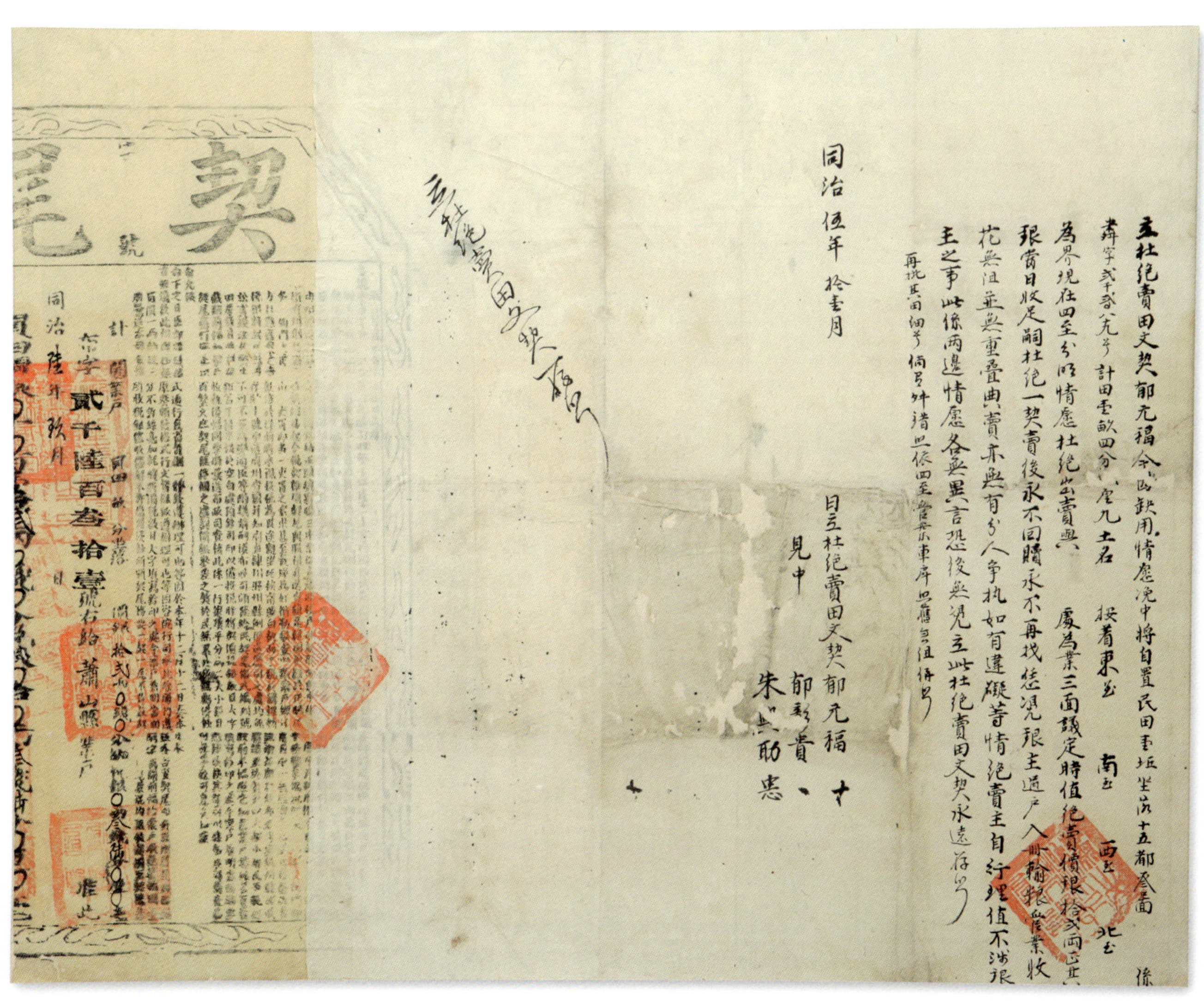

11. 清太平天国辛酉十一年门牌

纵 36.6、横 37 厘米

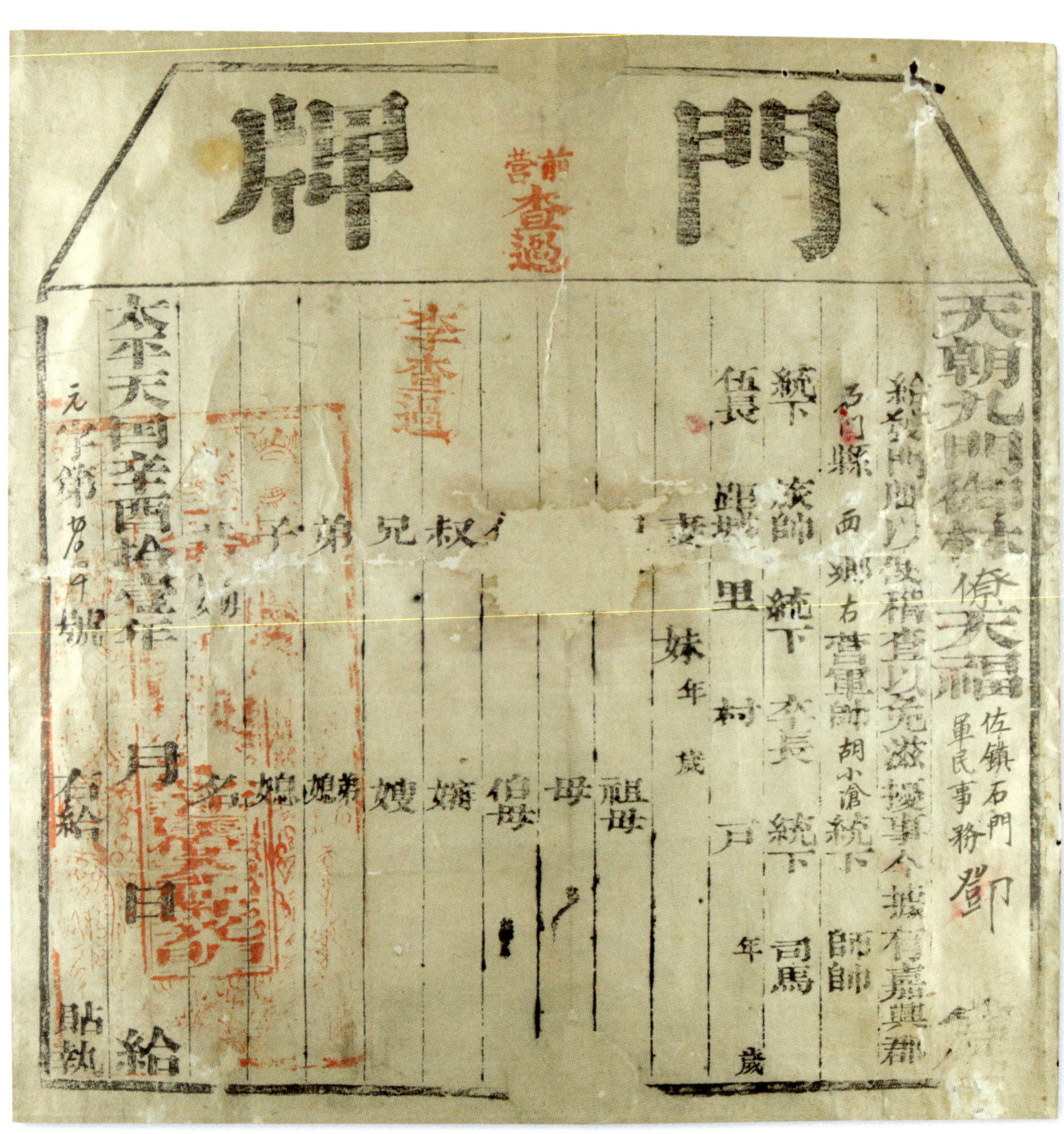

門牌

前營 查過

天朝九門御林……侯天福 佐鎮石門軍民事務鄧

給發門牌以便稽查以免滋擾事今據有嘉興郡

石門縣 西鄉 右營軍帥胡小滄統下 師帥

統下 旅帥 統下 卒長 統下 司馬

管長 興城 里 村 戶 年 歲

妻 妹 年 歲

祖母 母 伯 伯母 叔 嬸 兄 嫂 弟 弟媳 子 媳 名

李 查過

太平天國辛酉拾壹年 月 日 給

右給 貼執

12. 清太平天国辛酉十一年完银串票

纵 25.5、横 18.2 厘米

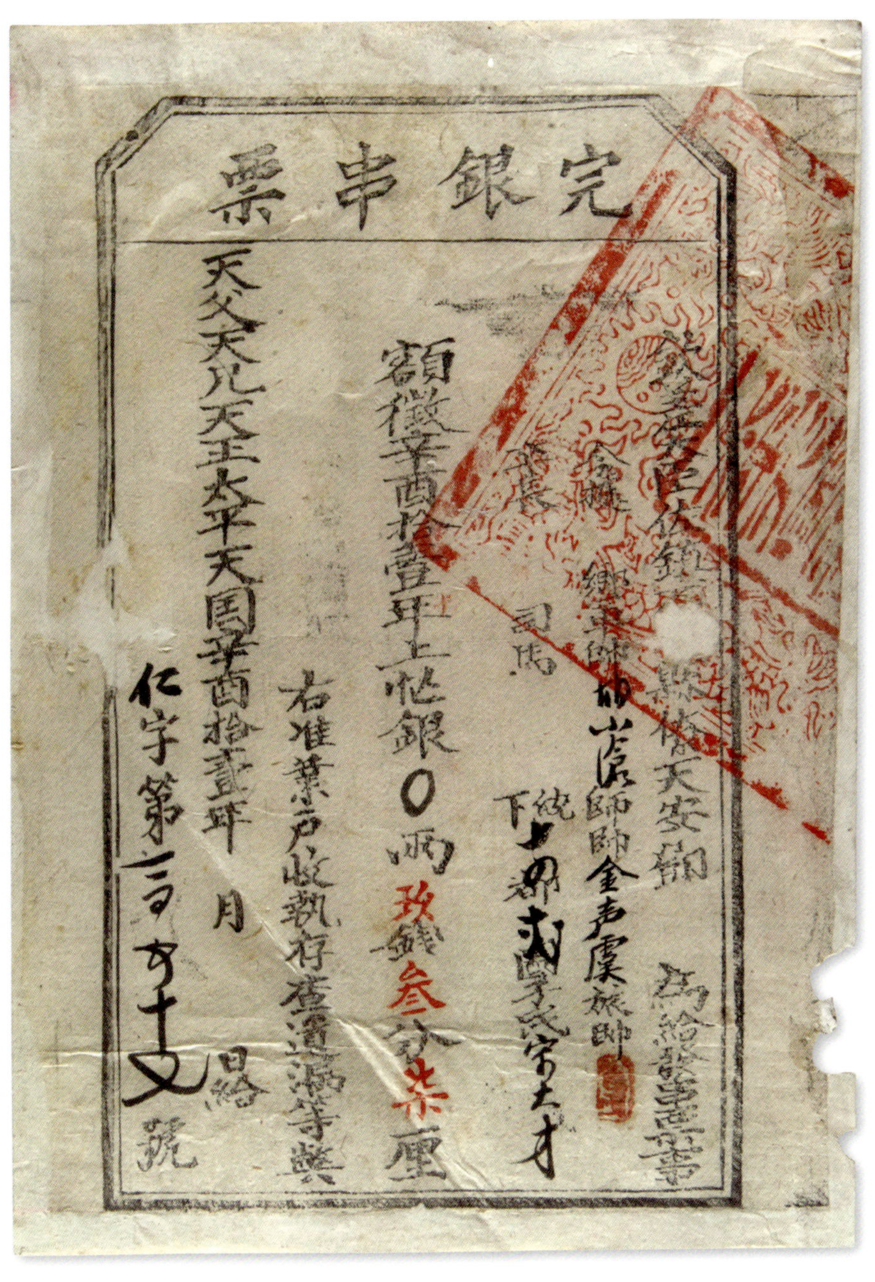

完銀串票

為給發完銀串票事

額徵辛酉拾壹年上忙銀〇兩玖錢叁分柒厘

右准業戶收執存查

天父天兄天王太平天國辛酉拾壹年　月　日給

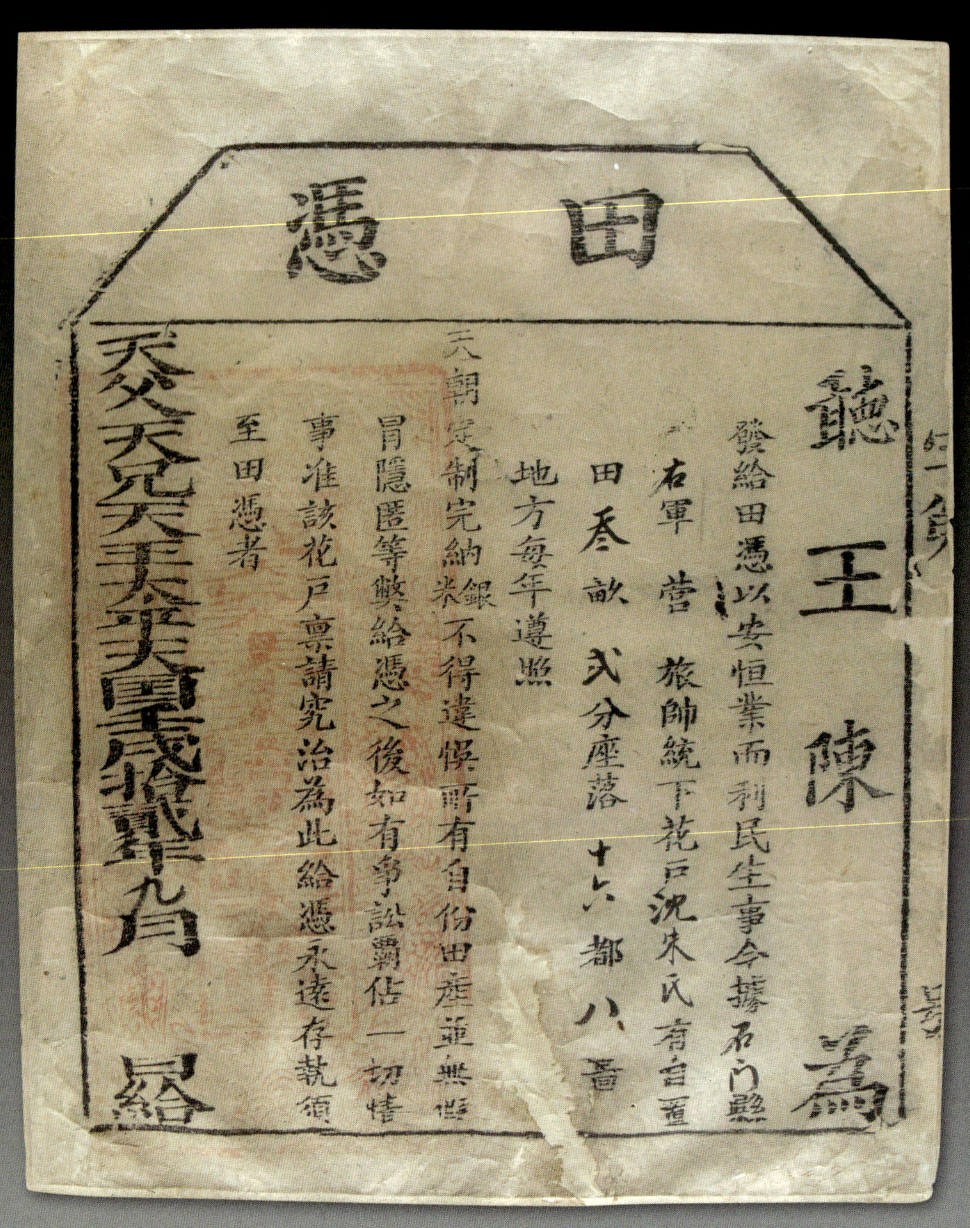

田憑

聽王陳 為

發給田憑以安恒業而利民生事今據石門縣

右軍 營 旅帥統下花戶沈朱氏有自置

田叁畝 弍分座落 十六 都 八 啚

地方每年遵照

天朝定制完納銀米不得違悞所有自份田產並無假

冒隱匿等弊給憑之後如有爭訟覇佔一切情

事准該花戶禀請究治為此給憑永遠存執須

至田憑者

天父天兄天王太平天國壬戌拾貳年 月 日給

13. 清太平天国壬戌十二年田凭

纵 31.5、横 27.6 厘米

14. 清太平天国壬戌十二年完纳漕粮执照

纵 25.8、横 14.6 厘米

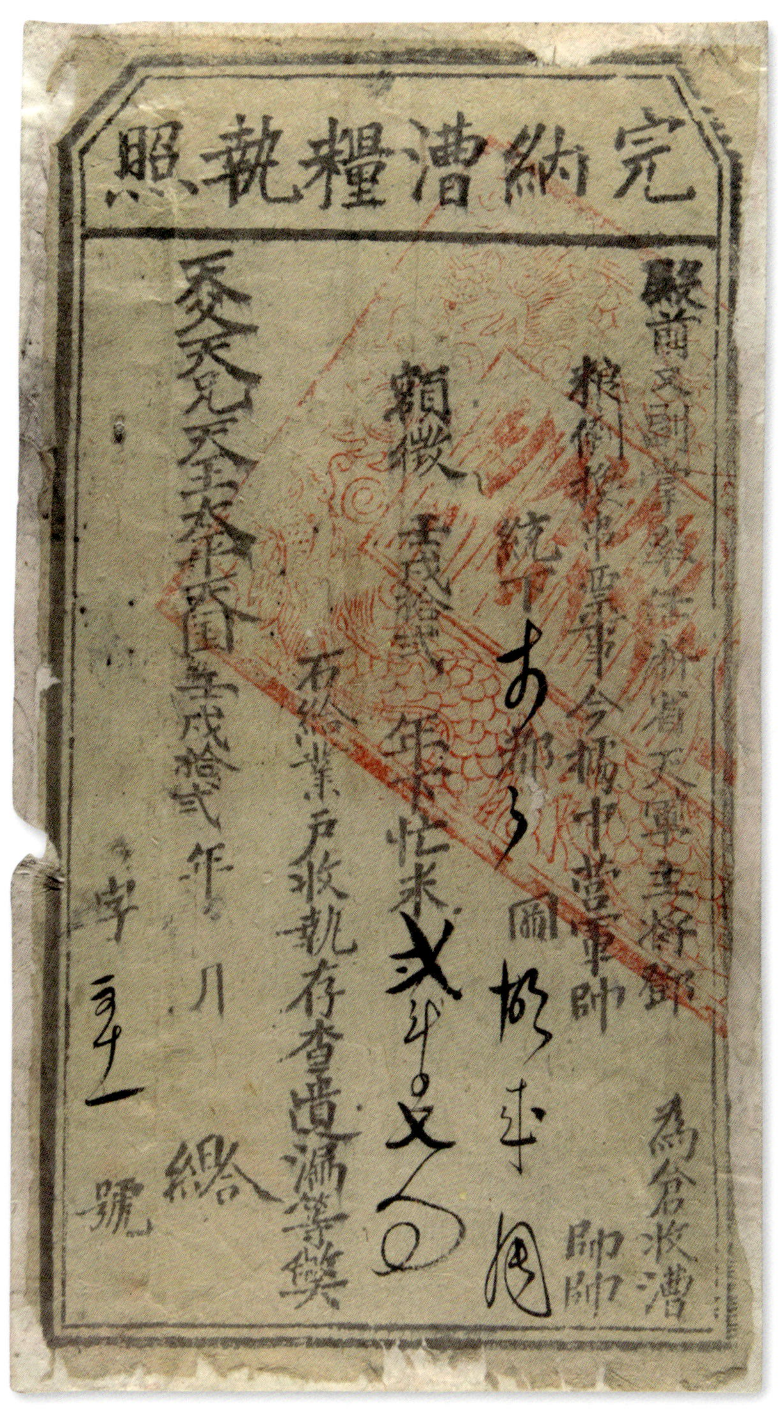

完納漕糧執照

殿前又副掌率□浙省天軍主將鄧　為倉收漕

糧事今據中營軍帥　師帥

統下　鄉　圖

額徵壬戌拾貳年分忙米

右給業戶收執存查遺漏等弊

天父天兄天王太平天國壬戌拾貳年　月　給

字　號

15. 清太平天国壬戌十二年分完纳漕粮便民预知由单给执

纵 25.6、横 18.5 厘米

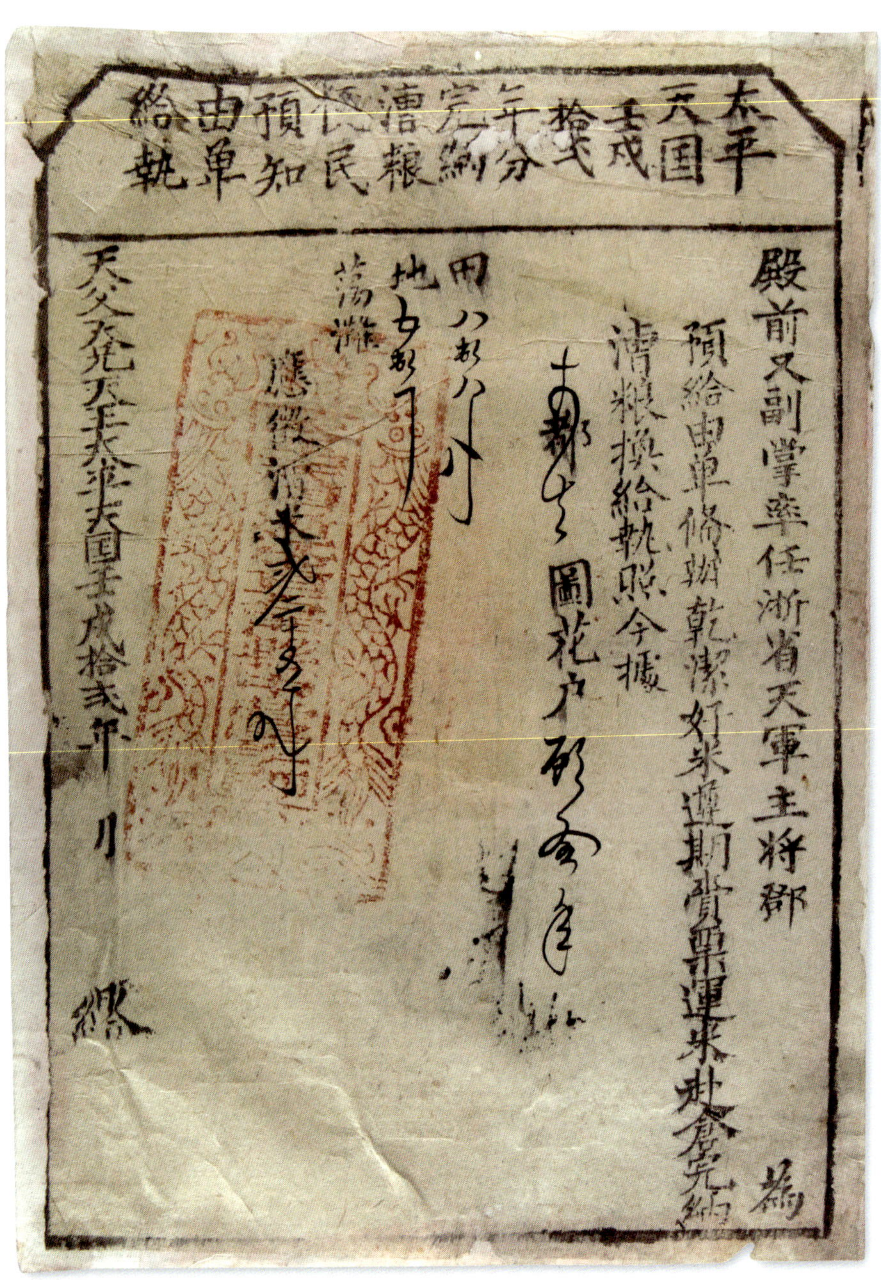

太平天国壬戌拾弍年分完納漕粮便民預知由單給執

殿前又副掌率任浙省天軍主將鄧　為

預給由單偹辦乾潔好米遵期背負運米赴倉完納

漕粮換給執照今據

圖花户

田

地

蕩灘

應徵漕米

天父天兄天王太平天国壬戌拾弍年　月　日給

16. 清光绪二十六年绝卖田契

纵 48.5、横 57 厘米

杭州市萧山区第二高级中学藏

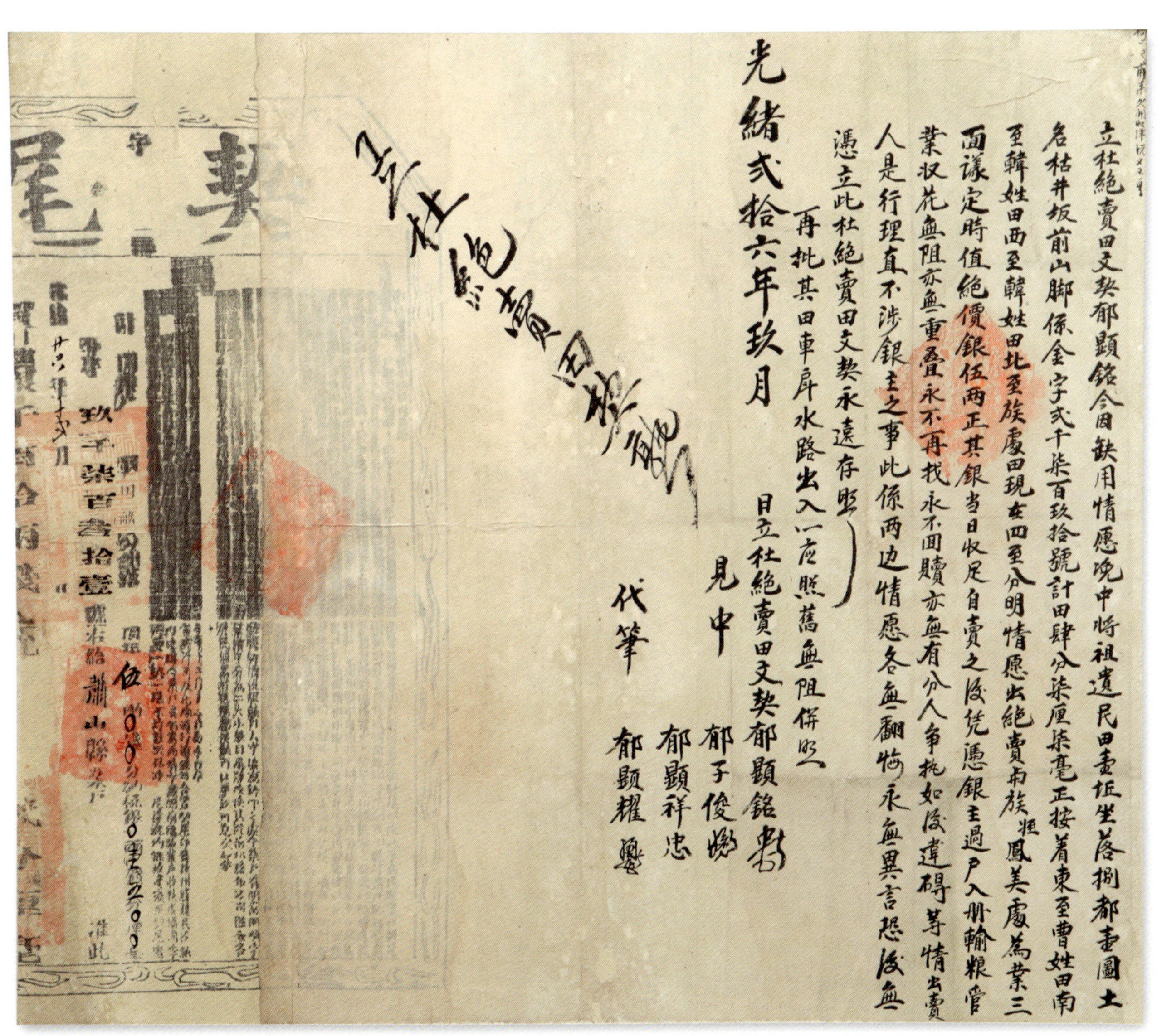

立杜絶賣田文契郁顯銘今因缺用情愿浼中將祖遺民田壹坵坐落捌都壹圖土名枯井坂前山脚係金字弍千柒百玖拾號計田肆分柒厘柒毫正按着東至曹姓田南至韓姓田西至韓姓田北至族處田現在四至分明情愿出絶賣與族侄鳳美處為業三面議定時值絶價銀伍兩正其銀當日收足自賣之後任憑銀主過戶入册輸粮管業收花無阻亦無重疊永不再找永不回贖亦無有分人爭執如後違碍等情出賣人是行理直不涉銀主之事此係兩邊情愿各無翻悔永無異言恐後無憑立此杜絶賣田文契永遠存照

再批其田車戽水路出入一應照舊無阻併照

光緒弍拾六年玖月　日立杜絶賣田文契郁顯銘

見中　郁子俊　郁顯祥

代筆　郁顯耀

杜絶賣田契

17. 民国五年纳粮收据

纵 30、横 9 厘米
杭州市萧山区第二高级中学藏

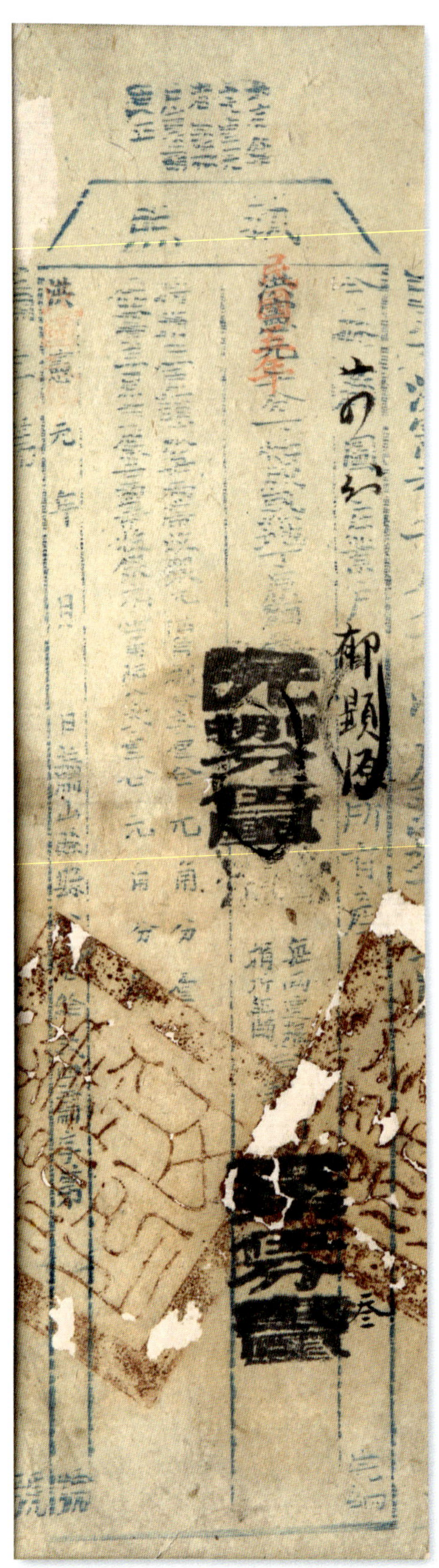

18. 民国二十三年土地执照

纵 35、横 32.5 厘米

杭州市萧山区第二高级中学藏

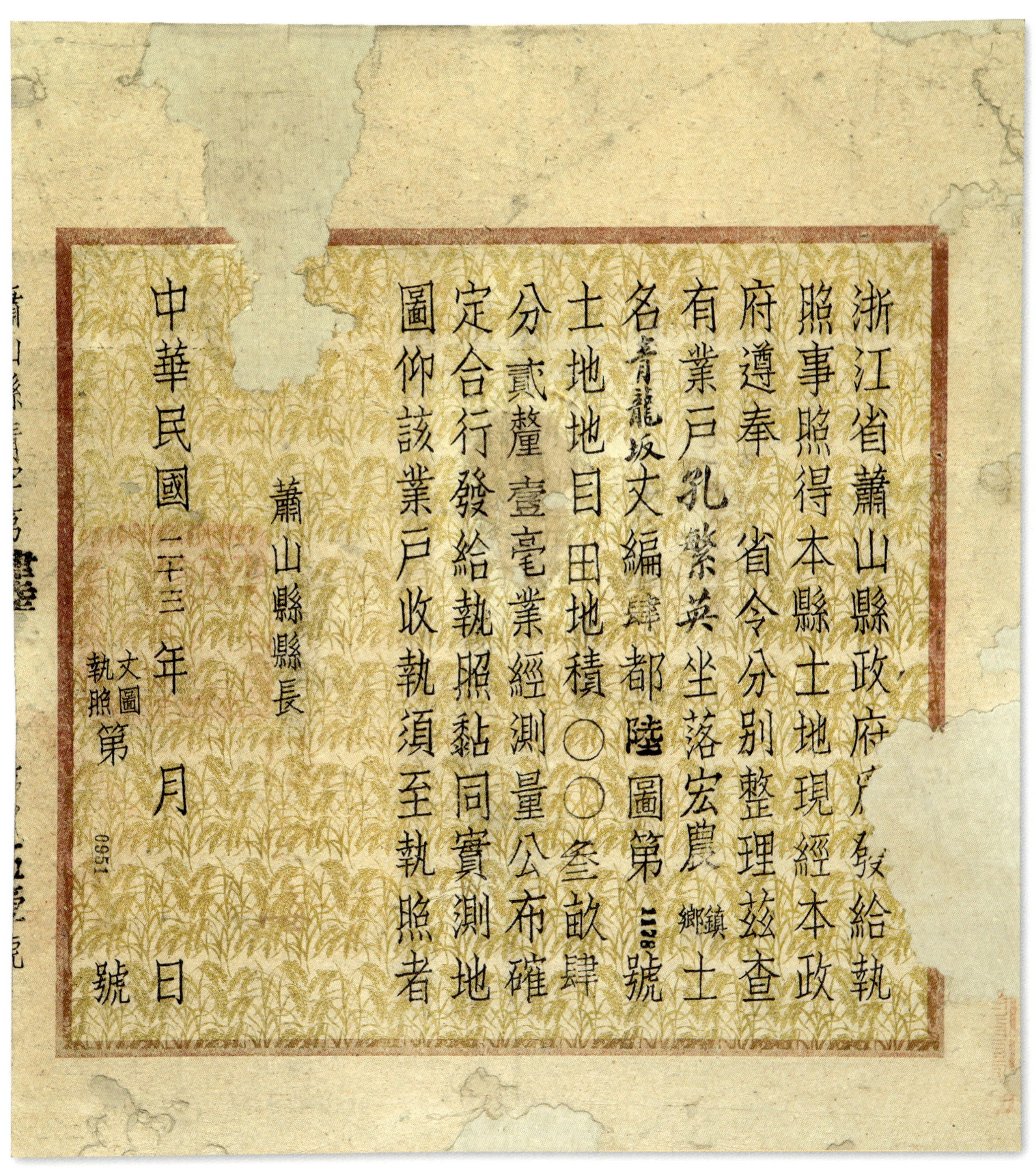

浙江省蕭山縣政府發給執
照事照得本縣土地現經本政
府遵奉 省令分別整理茲查
有業戶孔繁英坐落宏農鄉鎮土
名青龍坂文編肆都陸圖第1178號
土地地目田地積○○叁畝肆
分貳釐壹毫業經測量公布確
定合行發給執照黏同實測地
圖仰該業戶收執須至執照者

蕭山縣縣長

中華民國二十三年 月 日

文圖執照第0951號

19. 民国私有不动产登记证书

纵41、横24厘米

杭州市萧山区第二高级中学藏

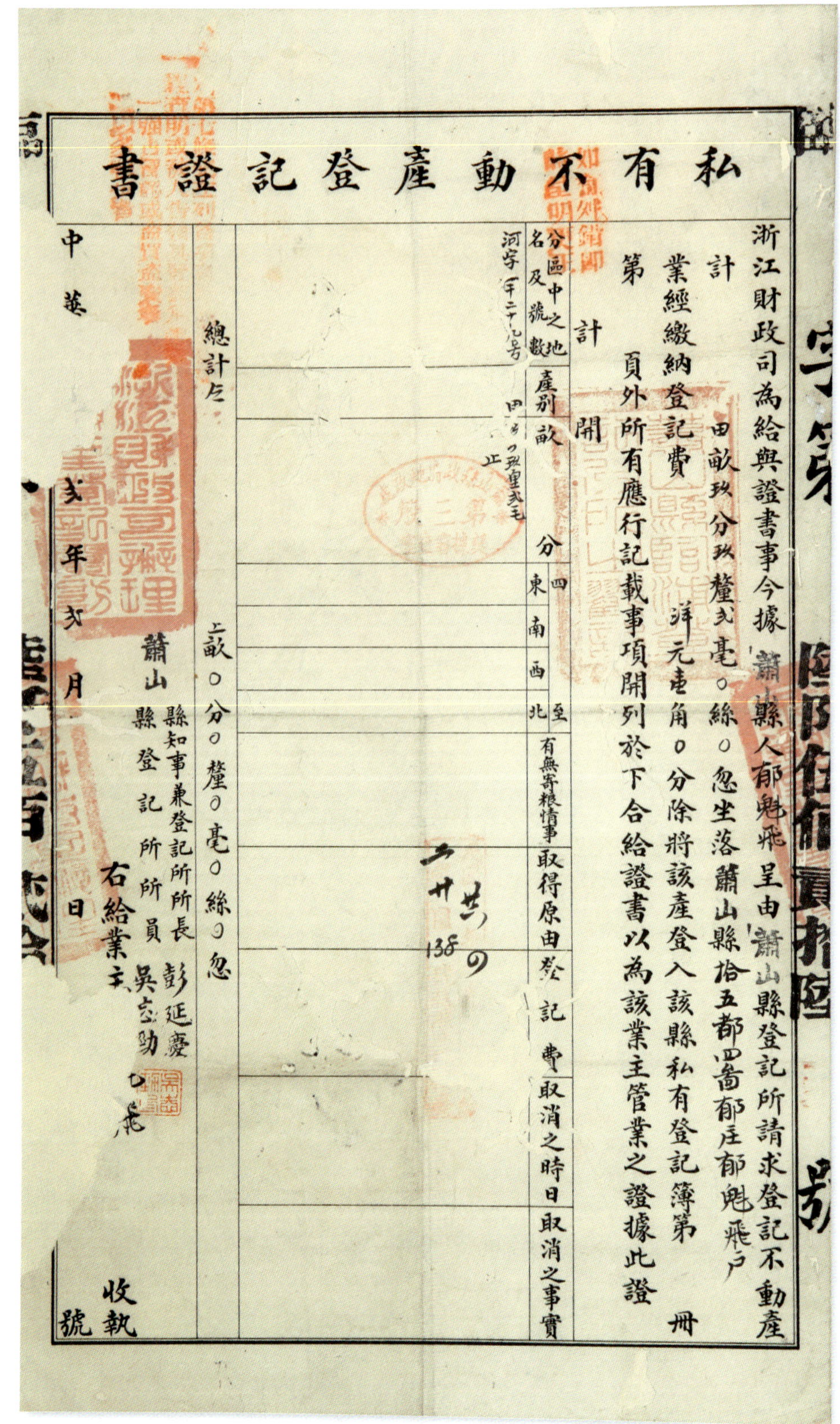

私有不動產登記證書

浙江財政司為給與證書事今據蕭山縣人郁魁飛呈由蕭山縣登記所請求登記不動產計田畝玖分玖釐弍毫〇絲〇忽坐落蕭山縣拾五都四啚郁庄郁魁飛戶業經繳納登記費洋元壹角〇分除將該產登入該縣私有登記簿第冊第頁外所有應行記載事項開列於下合給證書以為該業主管業之證據此證

計開

分區中之地名及號數	產別畝分	四至	有無寄糧情事	取得原由	登記費	取消之時日	取消之事實
河字第二千九号	田玖分玖釐弍毛正	東 南 西 北					

總計 上畝〇分〇釐〇毫〇絲〇忽

蕭山縣知事兼登記所所長 彭延慶

蕭山縣登記所所員 吳宏勛

右給業主 郁魁飛 收執

中華民國弍年弍月 日

號

20. 民国九年浙江省立第一师范学校傅彬然毕业证书

纵 28.8、横 31 厘米

中共杭州市萧山区委党史研究室藏

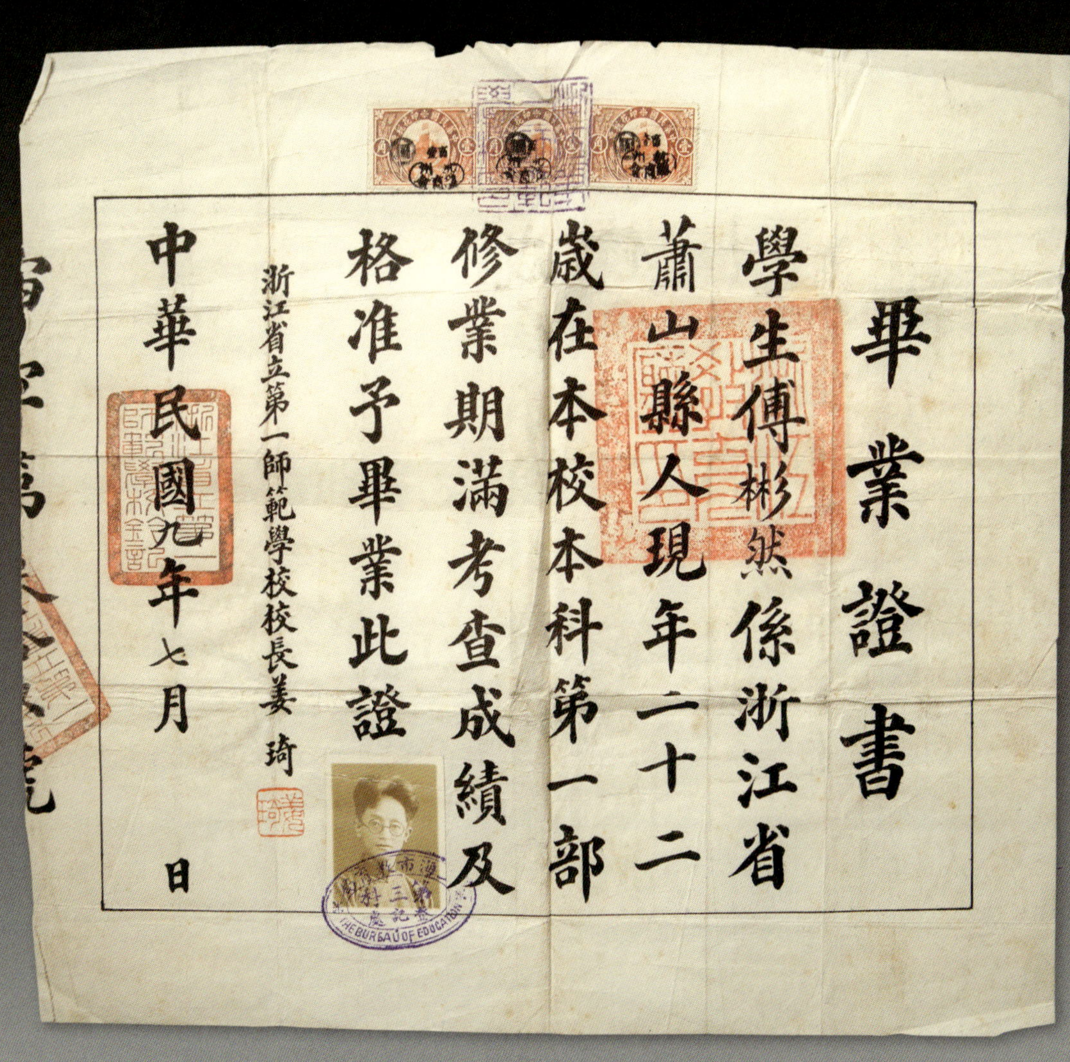

畢業證書

學生傅彬然係浙江省蕭山縣人現年二十二歲在本校本科第一部修業期滿考查成績及格准予畢業此證

浙江省立第一師範學校校長姜琦

中華民國九年七月　日

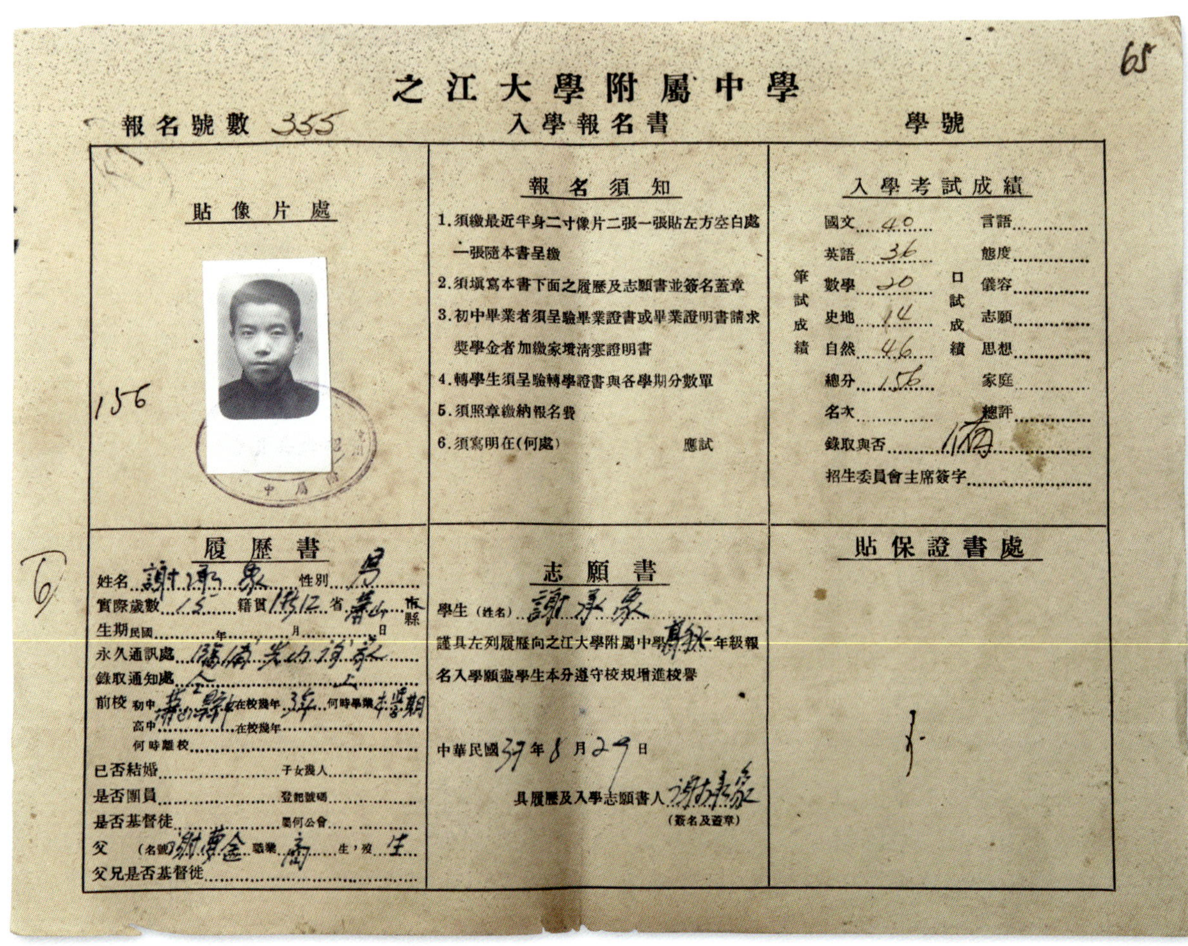

之江大學附屬中學

報名號數 355　　入學報名書　　學號

貼像片處

報名須知

1. 須繳最近半身二寸像片二張一張貼左方空白處一張隨本書呈繳
2. 須填寫本書下面之履歷及志願書並簽名蓋章
3. 初中畢業者須呈驗畢業證書或畢業證明書請求獎學金者加繳家境清寒證明書
4. 轉學生須呈驗轉學證書與各學期分數單
5. 須照章繳納報名費
6. 須寫明在(何處)　　應試

入學考試成績

筆試成績		口試成績	
國文	40	言語	
英語	36	態度	
數學	20	儀容	
史地	14	志願	
自然	46	思想	
總分	156	家庭	
名次		總評	

錄取與否

招生委員會主席簽字

履歷書

姓名　　性別 男

實際歲數 15　籍貫　省　市縣

生期民國　年　月　日

永久通訊處

錄取通知處 仝上

前校 初中　在校幾年　何時畢業
　　 高中　在校幾年
　　 何時離校

已否結婚　子女幾人

是否團員　登記號碼

是否基督徒　屬何公會

父 (名號)　職業 商　生，歿 生

父兄是否基督徒

志願書

學生(姓名) 謝承象

謹具左列履歷向之江大學附屬中學　年級報名入學願盡學生本分遵守校規增進校譽

中華民國37年8月29日

具履歷及入學志願書人
(簽名及蓋章)

貼保證書處

21. 民国三十七年谢承象之江大学附属中学入学报名书

纵 21、横 27.9 厘米

浙江湘湖旅游度假区经营管理有限公司藏

22. 民国元年七月二十一日至二十四日《政府公报》

纵 25.3、横 18.7、厚 0.5 厘米

浙江湘湖旅游度假区经营管理有限公司藏

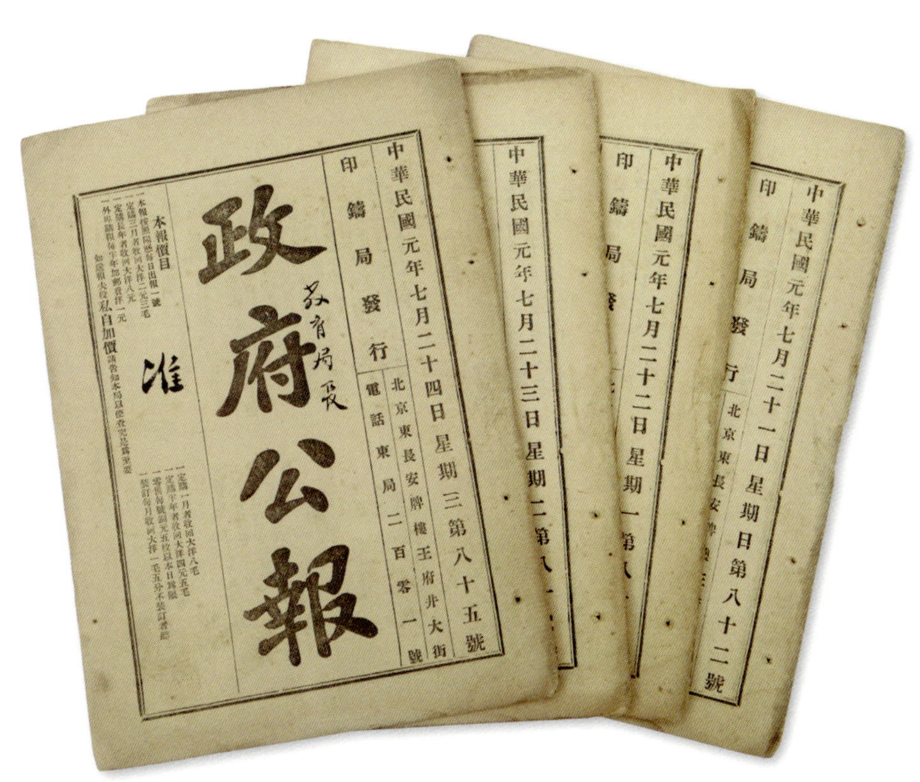

中華民國元年七月二十四日星期三第八十五號

印鑄局發行

北京東長安牌樓王府井大街

電話東局二百零一號

政府公報

本報價目

中華民國元年七月二十三日星期二第八

中華民國元年七月二十二日星期一第八

中華民國元年七月二十一日星期日第八十二號

印鑄局發行

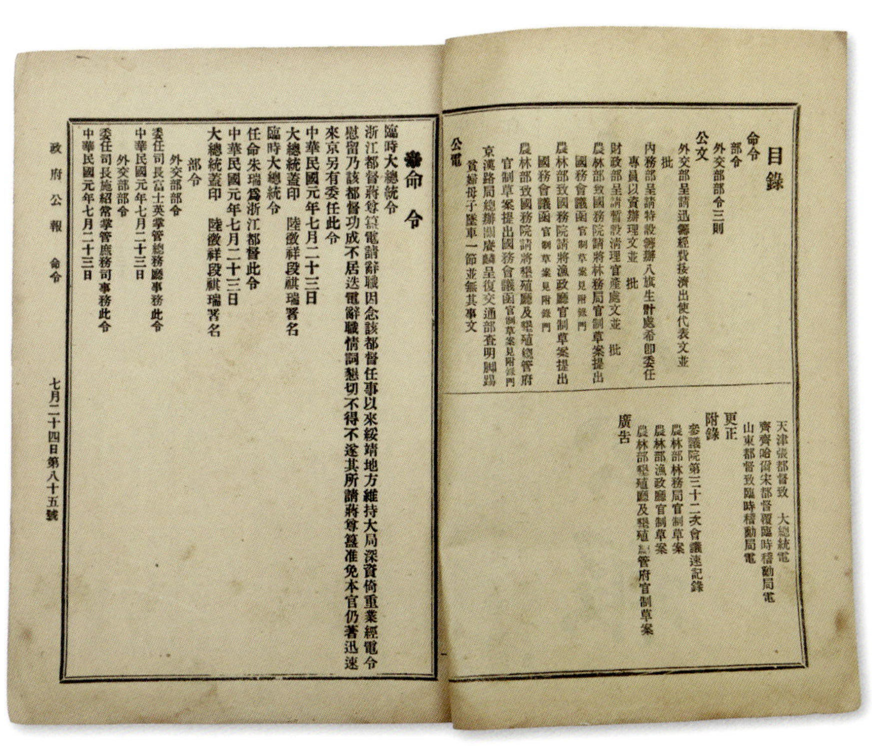

目錄

命令

部令

外交部部令三則

公文

外交部呈請迅籌經費接濟出使代表文並批

內務部呈請特設籌辦八旗生計處希即委任專員以資辦理文並批

財政部呈請暫設清理官產處文並批

農林部致國務院請將林務局官制草案提出國務會議函官制草案見附錄門

農林部致國務院請將漁政廳官制草案提出國務會議函官制草案見附錄門

農林部致國務院請將墾殖廳及墾殖總管府官制草案提出國務會議函官制草案見附錄門

京漢路局總辦關賡麟呈復交通部查明脚踢貧婦母子墜車一節並無其事文

公電

天津張都督致大總統電

齊齊哈爾宋都督覆臨時稽勳局電

山東都督致臨時稽勳局電

更正

附錄

參議院第三十二次會議速記錄

農林部林務局官制草案

農林部漁政廳官制草案

農林部墾殖廳及墾殖總管府官制草案

廣告

命令

臨時大總統令

浙江都督蔣尊簋電請辭職因念該都督任事以來綏靖地方維持大局深資倚重業經電令慰留乃該都督功成不居迭電辭職情詞懇切不得不遂其所請蔣尊簋准免本官仍著迅速來京另有委任此令

中華民國元年七月二十三日

大總統蓋印　陸徵祥段祺瑞署名

臨時大總統令

任命朱瑞爲浙江都督此令

中華民國元年七月二十三日

大總統蓋印　陸徵祥段祺瑞署名

部令

外交部部令

委任司長富士英掌管總務廳事務此令

中華民國元年七月二十三日

外交部部令

委任司長施紹常掌管庶務司事務此令

中華民國元年七月二十三日

政府公報　命令

七月二十四日第八十五號

……不疑念、因他日在議會中發言最激烈者、將爲在遠東甚小之各國也、（十八日路透電）

班樂衛 試組法國新閣

【巴黎】法總統杜美爾今晨請班樂衛組織新內閣、班氏謂須先行商諸賴伐爾與賴秋歐等諸政友後、始能決定受職與否、聞班氏如擔任組閣、大約將組織混合政府、以爲五月間大選舉前之過渡、（十八日國民社電）

德國軍縮提案

【日內瓦】今晨德代表在軍縮大會提出建議、內含廢除軍役・潛艇・飛機母艦・坦克車・化學品與微菌戰爭各條、德國並主張禁止在邊界附近築造砲臺、禁止在要塞外用重砲隊、並限制要塞大砲與臼砲之口徑、至於海軍主力艦、以萬噸爲限、巡洋艦與驅逐艦數均須加以限制、觀此建議、日各國提出之建議、固大同小異也、（十八日路透電）

全國一致抗日
津浦隴海兩路沿線 戰壕蜿蜒達數百哩

【南京】中國決計抵抗日軍之侵略、不特在上海、且在於全國出此、可就頃由洛陽抵此某旅客之言窺見之、該客在火車中曾見津浦路與隴海路一帶、戰壕密佈如網、自浦口起北達徐州、然後西折達開封鄭州洛陽、蜿蜒數百哩、該客曾謁見汪精衛馮玉祥李濟琛、因是確知諸領袖抵抗日軍侵略之決心（十八日路透電）

張景惠抵瀋陽
出席新國體籌備會 發出四省獨立布告

【哈爾濱】十五日午前十時、張景惠乘飛機赴瀋、出席東北新國體會議、同行爲關東軍參謀長坂垣、顧問荒井、東北新政體會議、定二十一日召開、先以滿式發爲中心、開一預備會、熙洽十四日赴瀋、（十八日專電）

【瀋陽】滿蒙獨立國建設籌備會、今日續在張景惠宅集議、日軍當局監視進行甚嚴、馬占山亦爲參加討論人物之一、（十七日國民電）

【瀋陽】張景惠今日在日人主持之歡迎會中宣布、業已發出布告、以東北四省連絡區獨立、與國民黨下之政府斷絕一切關係、當時有一日本領事官充張譯員、布告文大旨如下、東北政治會茲宣告成立、暫時作爲政府、而具三種目的、㈠除掉腐敗之軍閥勢力、以改革行政、㈡增高人民福利、挽救日亂政下墮落之政治、㈢與各國親善、及發展農工實業、引入國際資本、至關於四省之地位如何、與張學良政府之關係、㈣與未商決、留待將來由新政府開始辦公日辦、未經發布、布告文由張景惠・熙洽・馬占山・湯玉……

平軍整會常會

【南京】外交委會委員朱兆莘・段錫朋等、及外長羅文幹十八渡江赴浦謁汪、即於汪車中、對應付滬局外交問題、權商甚久、羅等十八下午始返京、（十八日專電）

【南京】羅文幹定十九午招待報界、報告對日事件最近情勢、及政府採定方針、（十八日專電）

【北平】軍整委會今晨開常會、通過、㈠限制綏靖區內、各軍事長官招募新兵案、㈡發明防空利器飛雷之蔡霖生試驗成功、調回平製造案、（十八日專電）

蔣蔡覆何鍵電

【長沙】蔣光鼐・蔡廷楷・十五日復何鍵電、略稱、元電敬悉、請纓殺賊、吾兄倡全國之先聲、守土禦暴、弟等實應盡之職責、辯護應戰、迭加痛挫、足見強甚則折、不義自斃、吾兄坐鎮三湘、得免後顧、中央不遷準開拔、殆即因此、然其救國精神、固照耀日星也、謹復等語、（十七日專電）

海州海防鞏固

【徐州】海州電、日本兵艦、十七下午經過新海他駛、並未停留、海防現安、（十七日專電）

【徐州】路訊、海州我海口外、十七日忽發現過境日兵輪、似屬巡遊性質、當即他駛、海面安靖、我大浦墟溝等海口、均由軍民聯合設防、挖掘壕溝、架設砲位、極爲嚴密、（十七日專電）

揭破日本野心
軍委會

【香港】軍委會自徐電、一集團、日閣更迭後、即具對英美宣戰決心、謀奪津滬漢油、以爲奪取平京粵之地步、其謀佔油粵、即所以壓迫香港、絕英美與我交通之路、更使失其海軍根據地云、（十八日專電）

慰勞抗日將士
各地民衆

【南京】首都各界抗日會十八起向各界勸募慰勞金、凡捐十元以上者、贈銅質救國紀念章、五十元以上者、贈銀質救國紀念章、募得之款、隨時致送十九路軍駐京辦事處、轉送前方慰勞、一面將捐戶姓名與捐額、登報公布、又該會聯合各界抗日會、呈請軍事當局、速於駐贛担任剿赤部隊中、抽調勁旅、援滬抗日、並電請陳濟棠・退派粵軍開贛填防、積極剿赤、（十八日專電）

【南京】首都各界抗日會、推會員倪光和等九人、攜帶慰勞物品、赴日赴滬、慰勞抗日軍、（十八日專電）

【南京】首都各界抗日會救護會、派醫師三人、藥師一人、看護十八人、擔架十五人、伕夫二人、另由抗日會派幹事一人、赴日赴滬工作、（十八日專電）

【長沙】長沙市商會、十六日下午、開各業領袖聯席會議、議決、（甲）第十九路軍……

【漢口】……論、（十八日專電）

【漢口】全省綏靖會議、十八午後二時、在綏署開會、何成濬・徐源泉・夏斗寅・徐庭瑤・錢大鈞・郭汝棟・謝彬等均出席、會期只一日、至五時未散、關防極嚴、據聞分政治・軍事兩項討論、並確定剿撫兼施辦法、（十八日專電）

漢陽大火
延燒千三百餘家

【漢口】漢陽高公橋昨大火、燒死百餘人、傷千餘人、延燒一千三百餘家、（十八日專電）

教部嘉慰復旦義勇軍

【南京】教部十八日電滬復旦大學、頃聞貴校義勇軍、奮勇殺敵、犧牲盈百、痛悼之餘、特電嘉慰、（十八日專電）

教師電慰被毀各大學

【南京】教部電慰上海被燬各大學、（十八日專電）

京平線飛機兩架運京

【南京】中國航空公司將留滬之京平綫飛機兩架運京、定十九起向京鄭綫試航、（十九日專電）

蘇滬將開郵件專車

【南京】自滬變發生、京滬路交通梗阻、郵件因而遲滯、現擬於每日蘇滬間、開行郵件專車一次、以資救濟、（十八日專電）

京鈔票兌換所撤消

【南京】京市各銀行鈔票兌換所、以各銀行早經復業、定十九日起停兌、十八日計兌出萬餘元、（十八日中央社電）

南京募集大批蔴袋

【南京】此間平民現皆奮力援助衛守吳淞之華軍、昨晨接前線來電、請助蔴袋、當局乃令平民隨意輸助、當日即集得二十萬隻、送往前線、（十八日路透電）

首都各校作軍事訓練

【南京】首都各校義勇軍軍事訓練委員會、以徒手訓練、已漸純熟、擬即抽選各校健壯青年施行實彈演習、作將來參加戰役準備、呈請軍事當局臨時撥借槍枝應用、並派員監視、演畢仍將槍枝繳還、（十八日專電）

美國游歷團抵北平

【北平】美國游歷團三百五十八人、今晚到平、（十八日專電）

丁超李杜派員到平

【北平】丁超・李杜・派參謀長來平、向當局報告南部邊守實縣經過、（十八日專電）

日軍屍體運至營口

【北平】日軍在滬作戰、傷亡頗多、近日軍將已死士兵二千七百餘人、運至營口、存佚家營房後、築一陳屍場、將已死士兵火化、（十八日專電）

豫省架設長途電話

【開封】豫省長途電話……

東北日軍闢新航線

【哈爾濱】關東軍闢新航線三、㈠新義州奉天間、㈡奉天打虎山間、㈢打虎山錦州間、每週往返數次、軍用外搭客載貨、（十七日專電）

津市裁撤海河委員會

【天津】市府爲節省經費起見、擬將整理海河委員會裁撤、所有應辦事務、分別歸併華北水利委員會、及海河工程局、（十八日專電）

馮玉祥電濟延醫

【濟南】馮玉祥在徐患白喉、因徐無良醫、來電請本市齊魯大學耳鼻咽喉科主任郎國珍往診、（十八日專電）

【南京】馮玉祥電復內次彭學沛、謂徐路染小疾、俟稍痊即先到部視事、（十八日專電）

韓復榘部練習野戰

【濟南】韓復榘今率旅長處長以上軍官、在馬鞍山指揮手槍旅、練習野戰、以後每週練習一次、（十八日專電）

濼水民婦孿生二子

【濟南】濼水縣民李泰雲妻秦氏孿生二子、韓令該縣府每月津貼二十元、（十八日專電）

長春丸運日軍火來滬

【青島】日輪長春丸昨由連載難民六百餘人、來青同時、該輪并裝子彈手榴彈千箱去滬、（十八日專電）

沈鴻烈赴勞山視察

【青島】沈鴻烈十八晨赴勞山視察、即返青、（十八日專電）

長沙募集抗日戰費

【長沙】國難會募抗日戰費、決大縣萬、小縣五千、張發奎部暫停全州永州、（十八日專電）

伍朝樞不就粵主席

【廣州】伍朝樞決計不就粵省主席職、因粵省收入每月約六百萬元、而軍費須佔四百七十萬元、所餘無幾、建設事無款可籌也、滿備成語人、在現有情下、難以裁減軍費、國防需兵、而贛南閩省有共產黨爲患、亦需兵剿治也、此軍民皆贊成力拒日本之侵略、已送電十九路軍航機擔任、輸當現源源運濟、（十八日路透社電）

閩省府通過緊縮案

【福州】緊縮政費案、審查通過、各機除締公費外、一律裁半、驛校機關悉計減政費月省十二萬餘、（十八日專電）

法教士在將樂被綁

【福州】法教士在將樂黃壇被匪擄、要贖萬元、要求省府營救、（十八日專電）

張靜江等抵杭

【杭州】中委張靜江・褚民誼・等十八日由滬抵杭、（十八日專電）

南通各界編組民團

【南通】各界十七日組自衛委員會、丁二千人編民團、（十七日專電）

23. 民国二十一年二月十九日《申报》

纵 57、横 38 厘米

杭州市萧山区临浦镇人民政府藏

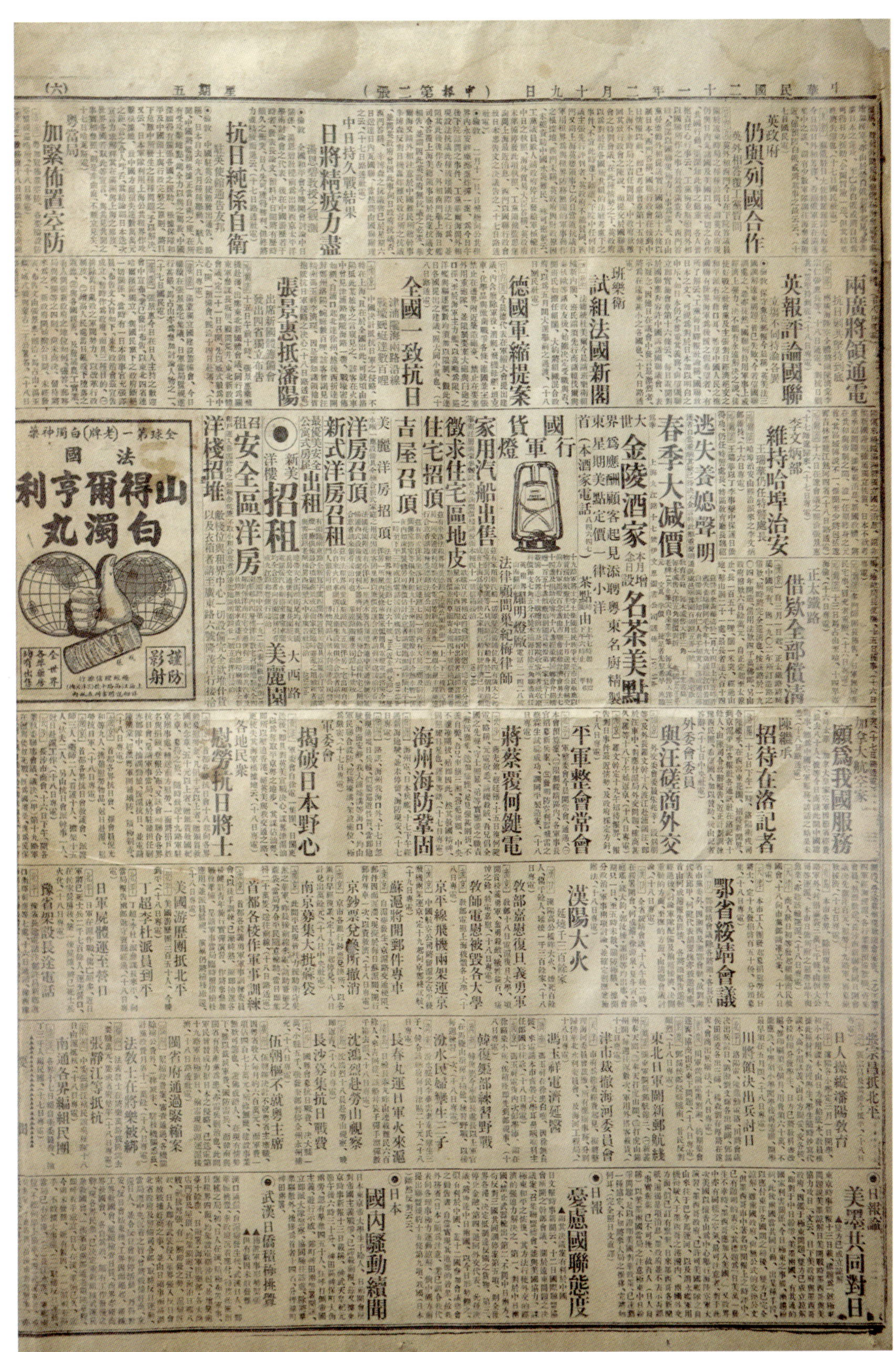

中華民國二十一年二月十九日 (申報第二張) 星期五 (六)

英政府仍與列國合作

日將精疲力盡

抗日純係自衛

加緊佈置空防

兩廣將領通電

英報評論國聯

班樂衛試組法國新閣

德國軍縮提案

全國一致抗日

張景惠抵瀋陽

李文炳部維持哈埠治安

逃失養媳聲明

春季大減價

大世界金陵酒家 名茶美點

國貨行軍燈

家用汽船出售

徵求住宅區地皮

住宅招頂

吉屋召頂

美麗洋房招頂

洋房召頂

新式洋房召租

出租

招租

安全區洋房

洋棧招堆

美麗園

加拿大航空家願爲我國服務

正太鐵路借款全部償清

陳繼承招待在洛記者

外委會委員與汪磋商外交

平軍整會常會

蔣蔡覆何鍵電

海州海防鞏固

軍委會揭破日本野心

各地民衆慰勞抗日將士

鄂省綏靖會議

漢陽大火

教部嘉慰復旦義勇軍

京平線飛機兩架運京

教師電慰被毀各大學

蘇滬將開郵件專車

京鈔票兌換所撤消

南京募集大批麻袋

首都各校作軍事訓練

美國海軍團抵北平

丁超李杜派員到平

日軍屍體運至營口

豫省架設長途電話

日人操縱瀋陽教育

川將領決出兵討日

東北日軍開新航綫

津市裁撤海河委員會

馮玉祥電濟延醫

韓復榘部練習野戰

長春丸運日軍來滬

沈鴻烈赴勞山視察

長沙募集抗日戰費

伍朝樞不就粵主席

閩省府通過緊縮案

法教士在將樂被綁

張靜江等抵杭

南通各界編組民團

日報 憂慮國聯態度

日本 國內騷動續聞

24. 民国二十二年十月十六日《杭报》

纵 54、横 37 厘米

杭州市萧山区临浦镇人民政府藏

中華民國二十二年十月十六日 杭報 星期一 第二版

時論

日關東軍積極訓練蒙兵

日軍百餘名在衙門村 突遭方吉軍圍擊 擊斃日軍數十名餘紛紛逃回 日機旋出動轟炸各村以洩憤 方吉求劃地暫駐和平希望微

新疆盛馬兩軍發生接觸中央電令息爭靜待解決

杜林莊一帶昨有接觸

限方離軍過期無答覆

省軍兩路攻吐魯番 新疆盛馬發生衝突 盛電進圍塔城馬部業經擊退 以騎兵出鄯善斷馬哈密後路

中央目爲盛馬爭權

盛派代表赴贛謁蔣

蔣委員長電令停止招兵 警備司令部已准照辦理

宋秦昨連袂赴平

和戰兩派對立 荒木勢將獨裁 若槻擁護廣田高橋反對荒木 軍部主張對俄戰爭勢所難免 日本政局不久劇變

劉崇傑到滬 下月中旬放洋

國軍將向興雩總攻 總部電陳濟棠速揮軍北進

灤東警匪對峙已成僵持狀態 我保安隊日內東開匪胆稍寒 匪分二派一主對抗一主收編 當局收編土匪意稍活動

某方否認對日交涉

杉村德川由濟到青

中德將合辦飛機工廠 資金暫定二百萬元 俟雙方批准後舉辦

棉業制統會今日在滬正式成立 上午十時在九江路會所 邀請各界參觀儀式簡單

日艦到閩 日人在閩省密設郵便所

談發掘古物

首都實施期

李杜有來滬說

個人行動 在津通告各方

日練學生軍

希特勒痛斥戰勝國家

將回暹避寒

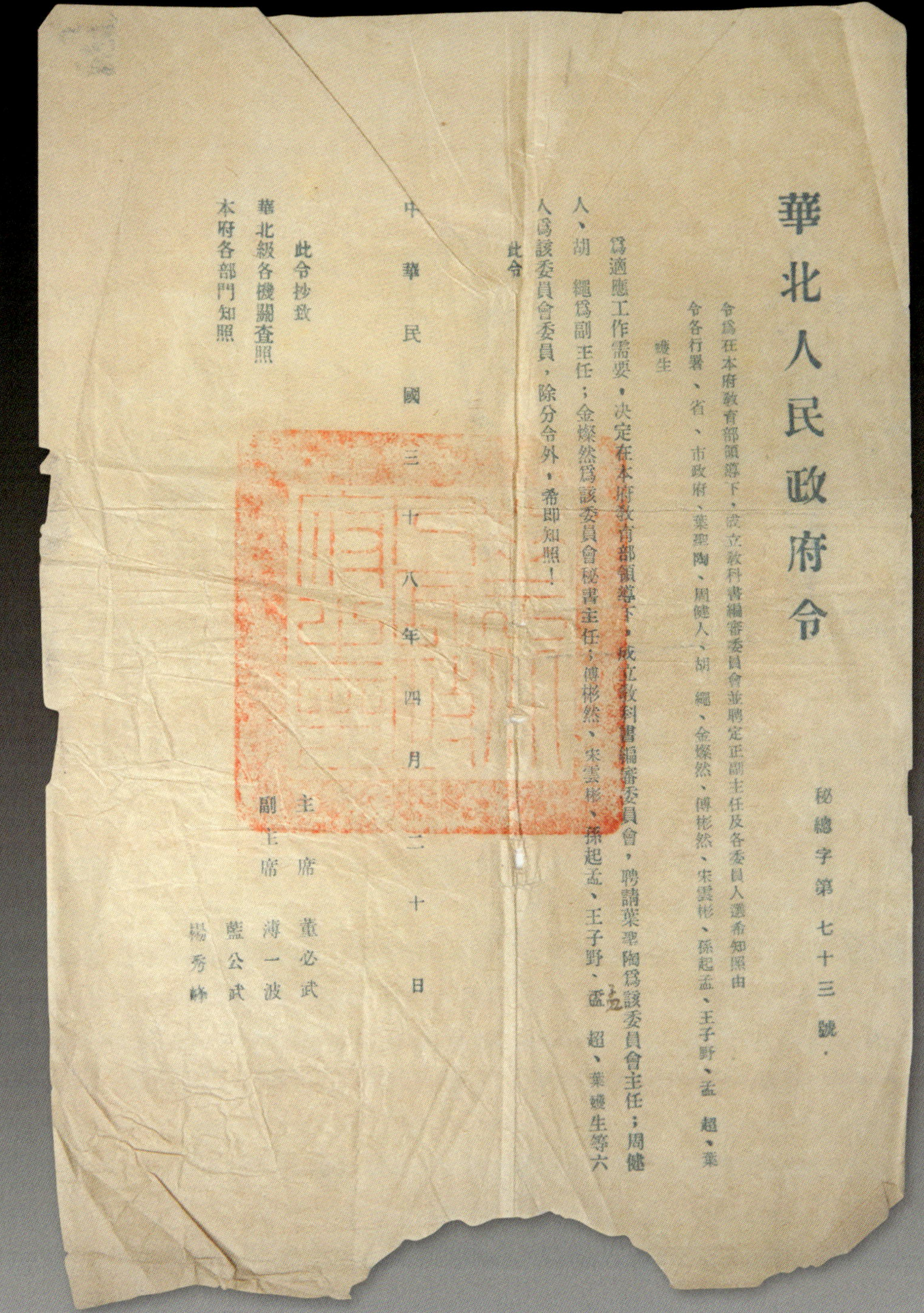

華北人民政府令

秘總字第七十三號

令爲在本府教育部領導下，成立教科書編審委員會並聘定正副主任及各委員人選希知照由

令各行署、省、市政府、葉聖陶、周健人、胡 繩、金燦然、傅彬然、宋雲彬、孫起孟、王子野、孟 超、葉蠖生

爲適應工作需要，決定在本府教育部領導下，成立教科書編審委員會，聘請葉聖陶爲該委員會主任；周健人、胡 繩爲副主任；金燦然爲該委員會秘書主任；傅彬然、宋雲彬、孫起孟、王子野、孟 超、葉蠖生等六人爲該委員會委員，除分令外，希即知照！

此令

中華民國三十八年四月二十日

主 席 董必武

副主席 薄一波 藍公武 楊秀峰

此令抄致

華北級各機關查照

本府各部門知照

25. 民国三十八年华北人民政府秘总字第七十三号令

纵 26.4、横 18.4 厘米

中共杭州市萧山区委党史研究室藏

民俗流风

1. 清刻花鸟纹象牙扇柄

长 36.1、宽 1.5、厚 0.5 厘米

2. 清梅雀纹鎏金银盒

高 2.5、内口径 5.5、外口径 6 厘米

3. 清山水人物图象牙盒

高 3.3、口径 5.1 厘米

4. 民国木雕花轿

轿：高 200、长 75、宽 75 厘米

轿杠：长 347 厘米

浙江湘湖旅游度假区经营管理有限公司藏

5. 民国木饭桶

高 16、口径 24.6、底径 18 厘米

浙江湘湖旅游度假区经营管理有限公司藏

6. 民国四足木鞋桶

高 26.5、口 32.5×18.5 厘米

浙江湘湖旅游度假区经营管理有限公司藏

7. 民国木吊桶

高 28、口径 29.5、底径 23.5 厘米

浙江湘湖旅游度假区经营管理有限公司藏

8. 民国描金木线板

长 18、宽 4.4 厘米

浙江湘湖旅游度假区经营管理有限公司藏

9. 民国描金木线板

长 10.62、宽 5.8 厘米

浙江湘湖旅游度假区经营管理有限公司藏

10. 民国竹编制带扣

长 18.5、宽 15.5 厘米

浙江湘湖旅游度假区经营管理有限公司藏

11. 民国木质校准常斛

高 46.5、口径 20.7、底径 35 厘米

浙江湘湖旅游度假区经营管理有限公司藏

12. 民国木质校准常斛

高 35.5、口径 26.5、底径 38.5 厘米

浙江湘湖旅游度假区经营管理有限公司藏

13. 民国十五年木斗

高 30、口径 20、底径 20 厘米

浙江湘湖旅游度假区经营管理有限公司藏

14. 民国木升

高 15.8、口径 10.3、底径 11.8 厘米

浙江湘湖旅游度假区经营管理有限公司藏

15. 民国木斗

高 27、口径 22.5、底径 21 厘米

浙江湘湖旅游度假区经营管理有限公司藏

16. 民国木牛奶桶

高 70、口 43×34、底 55×44.5 厘米

浙江湘湖旅游度假区经营管理有限公司藏

17. 民国木质家禽食物罩

高 60、口径 30.3、底径 39.5 厘米

浙江湘湖旅游度假区经营管理有限公司藏

19. 清光绪十六年竹编提梁叠篮

高 45.5、长 34.5、宽 18.5 厘米

浙江湘湖旅游度假区经营管理有限公司藏

20. 民国颂记竹编提梁篮

高 29.3、长 25、宽 14 厘米

浙江湘湖旅游度假区经营管理有限公司藏

21. 民国竹木制提梁叠篮

高 40、长 32.2、宽 20.5 厘米

浙江湘湖旅游度假区经营管理有限公司藏

22. 民国竹编提梁叠篮

高 41.8、长 30.5、宽 17 厘米

浙江湘湖旅游度假区经营管理有限公司藏

23. 民国竹编女红篮

高 18.5、口径 32、底径 23 厘米
浙江湘湖旅游度假区经营管理有限公司藏

24. 民国竹编提篮

高 43、口 32×25、底 22×17 厘米
浙江湘湖旅游度假区经营管理有限公司藏

25. 民国竹编挂篮

高 65、口径 34.5、底径 32.5 厘米
浙江湘湖旅游度假区经营管理有限公司藏

26. 民国竹编鱼篓

高 33、口 22×19、底 25.5×16.5 厘米
浙江湘湖旅游度假区经营管理有限公司藏

27. 清皮质帽盒

高 34.6、底径 21 厘米
浙江湘湖旅游度假区经营管理有限公司藏

28. 民国小皮箱

高 9.4、长 30.5、宽 19 厘米
浙江湘湖旅游度假区经营管理有限公司藏

29. 民国雕花卉纹木插屏

高 46、长 32.7、宽 14.4 厘米
浙江湘湖旅游度假区经营管理有限公司藏

30. 民国彩绘三星图玻璃插屏（背面镜子）

高 57.5、长 40.5、宽 17 厘米

杭州市萧山区临浦镇人民政府藏

31. 民国骨戥子

秤杆：长 23.7 厘米
秤盘：直径 5.5 厘米
秤砣：高 3 厘米
木盒：长 28.9、宽 7 厘米
浙江湘湖旅游度假区经营管理有限公司藏

32. 民国竹雕鱼篓摆件

高 24、底 13.5×10.5 厘米
浙江湘湖旅游度假区经营管理有限公司藏

33. 清嘉庆天地君亲师牌位

通高 72、长 20.7、宽 10 厘米

杭州市萧山区第二高级中学藏

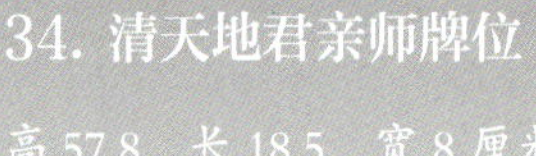

34. 清天地君亲师牌位

高 57.8、长 18.5、宽 8 厘米

杭州市萧山区临浦镇人民政府藏

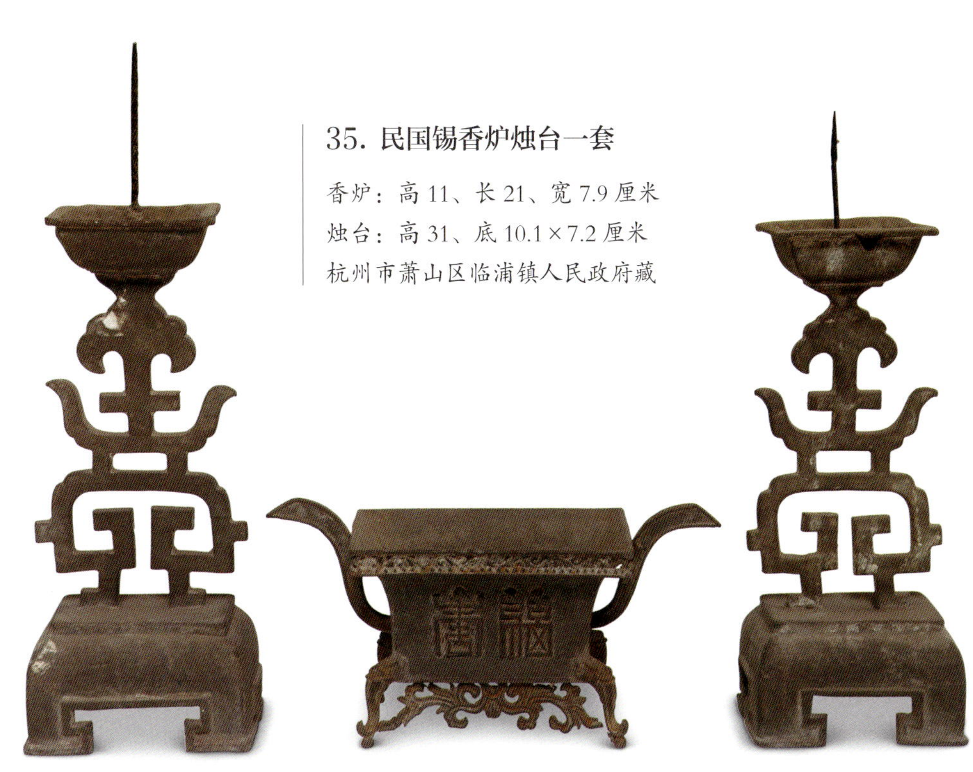

35. 民国锡香炉烛台一套

香炉：高 11、长 21、宽 7.9 厘米
烛台：高 31、底 10.1×7.2 厘米
杭州市萧山区临浦镇人民政府藏

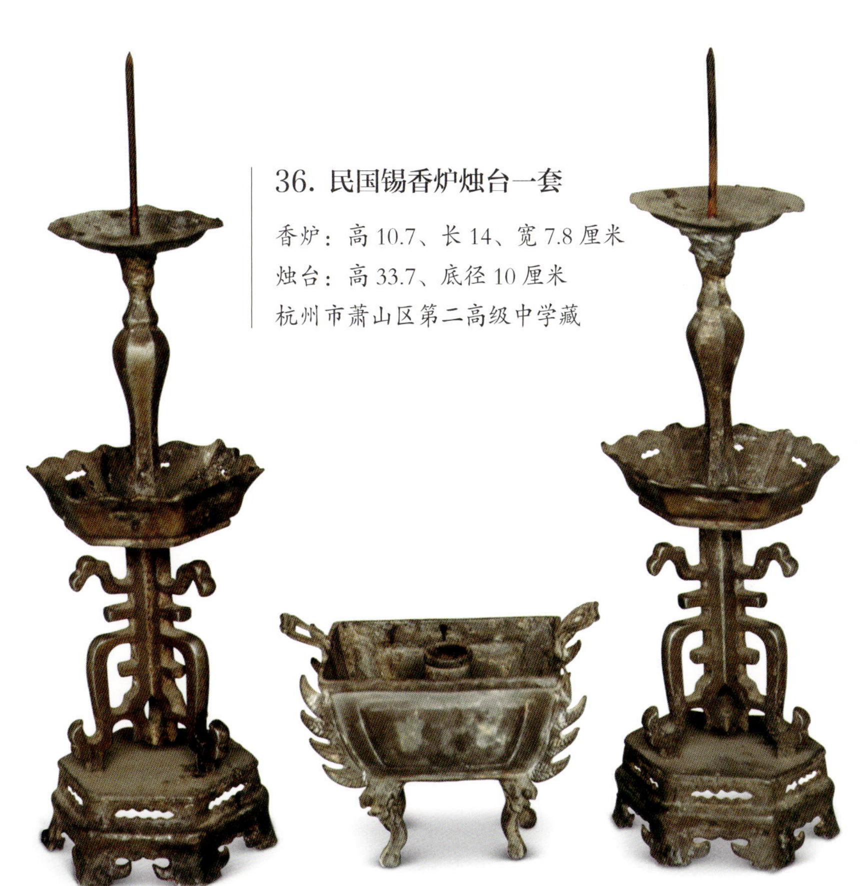

36. 民国锡香炉烛台一套

香炉：高 10.7、长 14、宽 7.8 厘米
烛台：高 33.7、底径 10 厘米
杭州市萧山区第二高级中学藏

37. 民国铜烛台（一对）

高 37.5、长 14、宽 14 厘米

浙江湘湖旅游度假区经营管理有限公司藏

38. 民国上海德安厂制仿西洋式铜铺首木壳钟

通高 30、长 34.5、宽 14.6 厘米

杭州市萧山区临浦镇人民政府藏

39. 民国木壳摆钟

高 52.5、长 29.2、宽 14.4 厘米
浙江湘湖旅游度假区经营管理有限公司藏

40. 民国木壳钟

高 25.5、长 25.2、宽 11.5 厘米
浙江湘湖旅游度假区经营管理有限公司藏

41. 民国铜壳钟

高 15.8、长 12.4、宽 4.4 厘米
浙江湘湖旅游度假区经营管理有限公司藏

42. 民国铜壳钟

高 17.5、长 13.3、宽 9.8 厘米
杭州市萧山区临浦镇人民政府藏

43. 民国自鸣钟

高 52.5、长 27.5、宽 13 厘米
杭州市萧山区临浦镇人民政府藏

44. 民国阴刻花卉纹铜锁

长 8.8、宽 4.7、厚 1.7 厘米

浙江湘湖旅游度假区经营管理有限公司藏

45. 民国花果纹铜锁

长 11.8、宽 2.8、厚 4 厘米

浙江湘湖旅游度假区经营管理有限公司藏

46. 民国铜锁

长 13、宽 5.5 厘米

浙江湘湖旅游度假区经营管理有限公司藏

47. 民国铜锁

长 10.8、宽 7.8 厘米

杭州市萧山区临浦镇人民政府藏

48. 民国八仙纹提梁铜壶

高 12.5、口径 7.5、底径 8 厘米
浙江湘湖旅游度假区经营管理有限公司藏

49. 民国铜火锅

高 20、口径 11.6、底径 12.5 厘米
浙江湘湖旅游度假区经营管理有限公司藏

50. 民国铁质炭熨斗

高 20、长 16、宽 11 厘米
浙江湘湖旅游度假区经营管理有限公司藏

51. 民国铜香油灯

高 28、底径 13 厘米

杭州市萧山区衙前镇人民政府藏

52. 民国木香油灯

高 36、底径 13.2 厘米

杭州市萧山区临浦镇人民政府藏

53. 民国玻璃油灯

高 41.5、底 10.5×10.5 厘米

杭州市萧山区临浦镇人民政府藏

54. 民国铜油灯

高 33.2、底径 11 厘米

浙江湘湖旅游度假区经营管理有限公司藏

55. 民国上海耀华灯厂铜油灯

高 33.2、底径 11 厘米

浙江湘湖旅游度假区经营管理有限公司藏

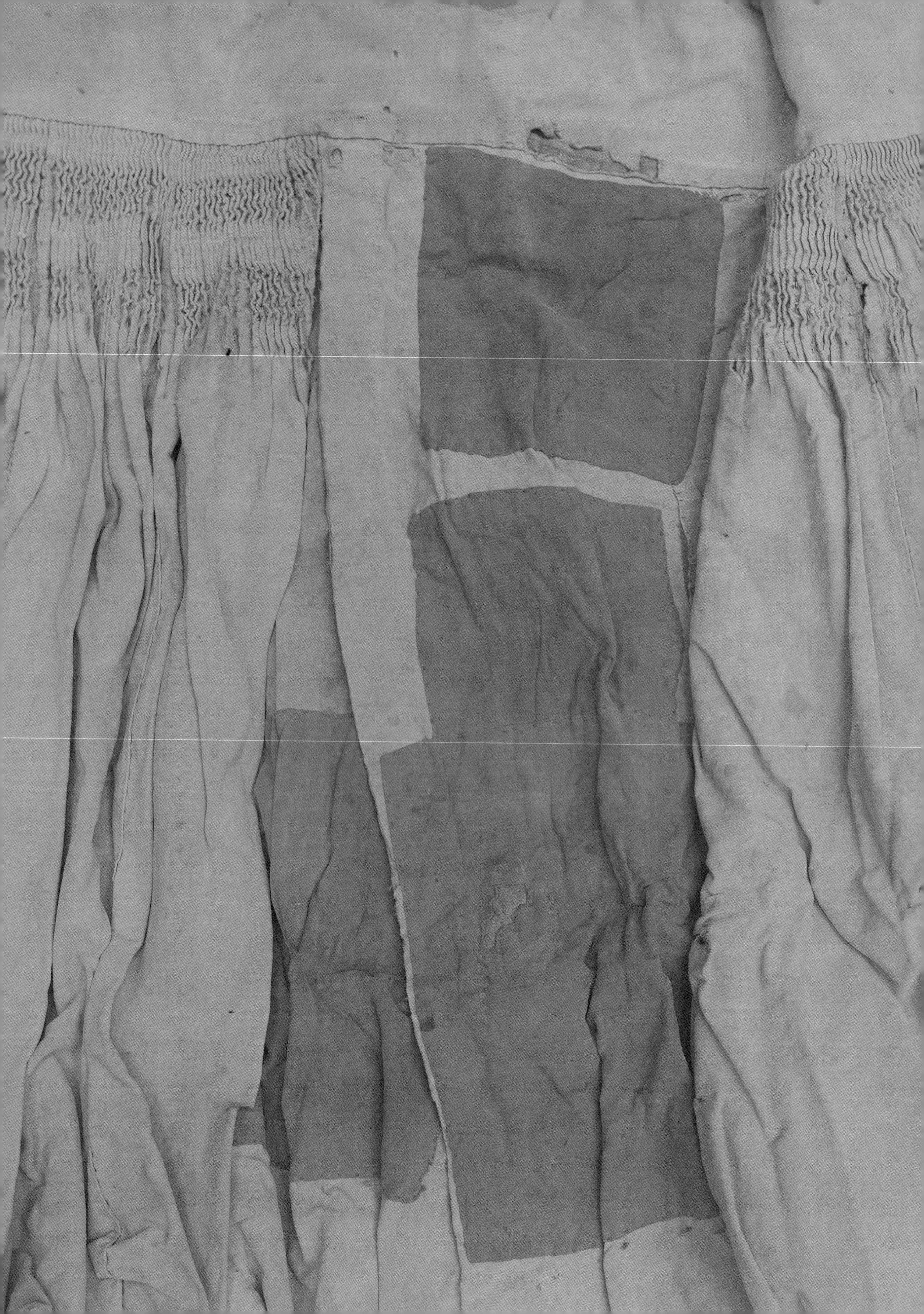

革命志遗

1. 民国李成虎生前使用的烟杆

长 53 厘米

杭州市萧山区革命烈士陵园管理所藏

2. 民国李成虎烈士围身

长 80、腰围 119 厘米

杭州市萧山区革命烈士陵园管理所藏

3. 民国衙前农协陈晋生使用的烟鼻子

通长 15.1、宽 7.5、厚 5 厘米

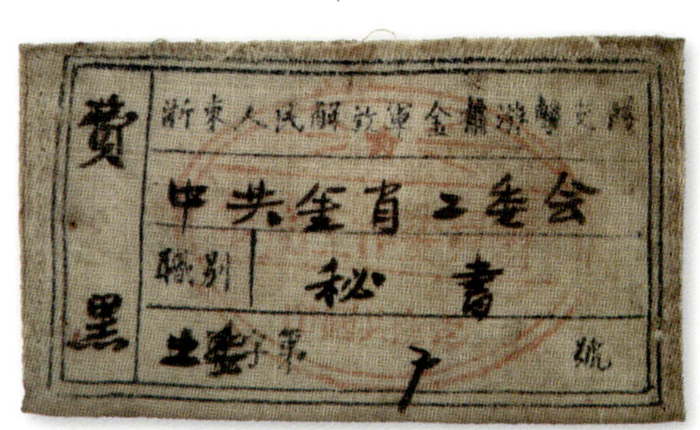

4. 1949 年费黑金萧支队布胸牌

纵 4.6、横 8.1 厘米

后记

在第一次全国可移动文物普查中，萧山区共发现收藏有文物的国有单位 9 家，其中萧山博物馆属系统内单位，其收藏的藏品也最为丰富，共计登录文物 3800 件（套）；其余均为系统外单位，分别是中共杭州市萧山区委党史研究室、杭州市萧山区衙前镇人民政府、杭州市萧山区义桥镇人民政府、杭州市萧山区临浦镇人民政府、杭州市萧山区第二高级中学、萧山区湘湖初级中学、杭州市萧山区革命烈士陵园管理所、浙江湘湖旅游度假区经营管理有限公司，共计登录文物 482 件（套）。书中未注明收藏单位的藏品均为萧山博物馆收藏，特此说明。

根据文物的总体情况，陶瓷、书法、绘画从数量和内容上都可以形成系统，单独成册，其他门类只能集合一册，故名综合卷，其中许多文物亦是可圈可点，是绝对不能被遗落的璀璨明珠。在本册图录的编撰过程中，特别要感谢萧山博物馆工作人员在文物挑选及照片拍摄整理过程中的辛勤付出，同时也要感谢8家系统外单位的大力支持协助。

由于编者学识水平有限，书中难免有疏漏谬误之处，敬请广大读者批评指正。